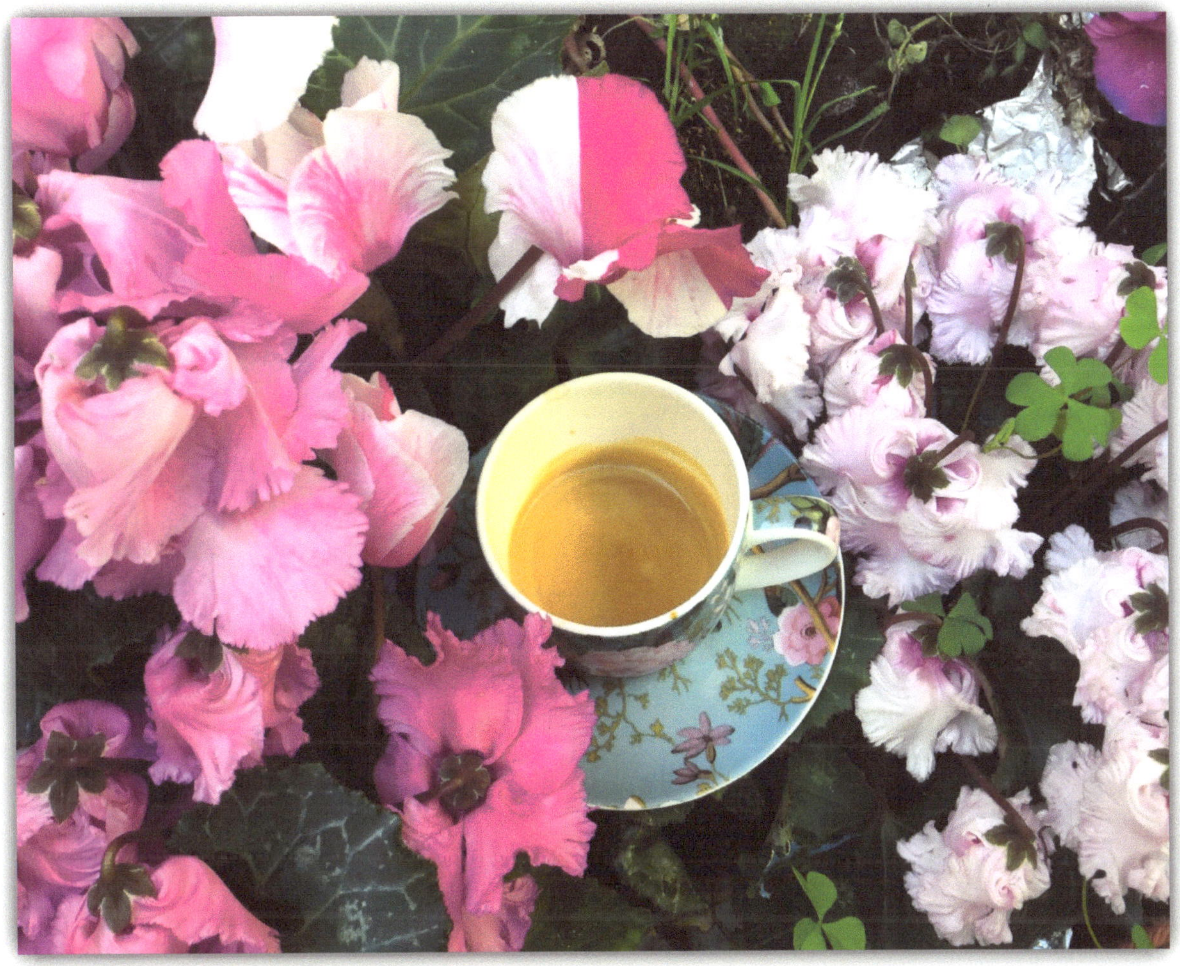

CAFFE' AL BANCO

WRITTEN AND PHOTOGRAPHED BY

Francesca Bonsi Magnoni

A Beppe,

Tu e io, per sempre,

per i nostri indimenticabili

caffè al banco

To Beppe,

You and me, forever, for our unforgettable

coffee at the counter

Prefazione

La prima volta che ho letto "qwerty", avevo da poco finito la prima elementare e non capivo perché scrivessero delle parole senza significato su una macchina da scrivere. Come si poteva scrivere qualcosa di intelleggibile con quella macchina, se la prima parola che si leggeva sulla tastiera era illeggibile? Guardando tra le fotografie di Francesca mi si è aperto questo ricordo e i flash possono non avere senso, oppure averne molti. In questo caso propenderei per la seconda ipotesi.

Il periodo di clausura che abbiamo più o meno vissuto tutti, ci ha obbligato a comportamenti e routine anomale. Le domande che ci facevamo increduli e che rimanevano senza risposta ampliavano i nostri sentimenti di paura, insicurezza e di mancanza di senso. Un torrente in piena che ci trascinava non si sa dove, con l'unica consapevolezza che ci stavamo perdendo, chiusi in noi stessi o cantando sul balcone. Francesca, per non perdersi e dare un senso a qualche "Qwerty" incomprensibile, ha trovato la sua strada e, forte della sua bussola interiore, l'ha percorsa mostrandoci queste immagini di tazzine, caffè e viste d'interno che hanno disegnato un viaggio di emozioni per i fortunati che le hanno seguite. Una piccola emozione ogni giorno, e chi ha potuto l'ha aspettata per cominciare bene il mattino e quando arrivava c'era una sicurezza in più e un pezzo di se stessi che tornava al suo posto.

Foreword

The first time I read "qwerty", I had just finished my first graduate school and I didn't understand why they wrote meaningless words on a typewriter. How could something intelligible be written on that machine if the first word you read on the keyboard made no sense?

Looking through Francesca's photographs, this memory opened to me and the flashes may not make sense or have many. In this case, I favor the second hypothesis.

The period of reclusion that we have all experienced, more or less, has forced us to behave and live abnormal routines. The questions that we asked ourselves in disbelief and that remained unanswered widened our feelings of fear, insecurity and lack of meaning. It is not known where a torrent in full flow drags us, with the only awareness that we were getting lost, closed in on ourselves or singing from a balcony.

In order not to get lost and make sense of some incomprehensible "qwerty", Francesca has found her way and, thanks to her inner compass, has followed it by showing us these images of cups, coffee and interior views that have designed a journey of emotions for the lucky ones who followed them. A little emotion a day, every day, and those who could have waited for it to start a good morning and when it arrived there was an extra security and a piece of themselves that returned to its place.

Danilo Rescigno

Grazie!

Voglio ringraziare la mia amica Dana Clerkin senza la quale questo libro non sarebbe mai stato realizzato. Qualunque cosa passi tra le mani di Dana diventa un capolavoro. Dana e io ci siamo conosciute durante una visita al Museo Archeologico di Bologna (Italia) e da quel momento siamo diventate amiche per sempre. Il tempo e la distanza per noi non esistono, anche adesso che viviamo in due città molto lontane. Quando Dana mi ha proposto di realizzare con il suo aiuto questo libro non ho esitato ad accettare la sua proposta perché ho capito che anche questa occasione era un modo per farci sentire più vicine in questo momento molto difficile.

Thanks!

I want to thank my friend, Dana Clerkin, without whom this book would never have been made. Whatever passes through Dana's hands becomes a masterpiece. Dana and I met during a visit to the Archaeological Museum in Bologna (Italy) and from that moment on we became friends forever. Time and distance do not exist for us, even now that we live in two very distant cities. When Dana asked me to make this book with her help, I did not hesitate to accept her proposal because I understood that this book could also be a way to make us feel closer in this very difficult moment. Working on the book we realized that it represents how we reimagined life during Covid 19 lockdown.

"tu sarai per me unico al mondo e io sarò per te unica al mondo"
Il Piccolo Principe Antoine de Saint-Exupéry

"You will be unique in the world for me and I will be unique in the world for you"
Little Prince Antoine de Saint-Exupéry

Cari Amici,

Questo libro non è semplicemente una raccolta di foto di tazzine da caffé, ma ha rappresentato anche un modo di reinventare la routine in un momento particolare della mia vita.

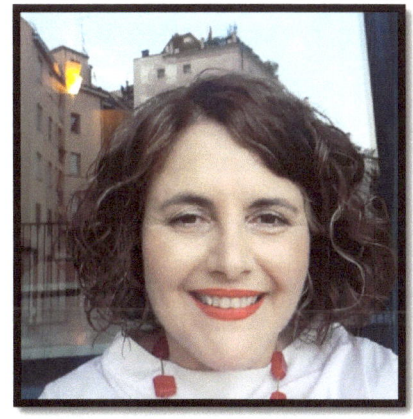

Questo lavoro iniziato per caso. Vivo a Milano e dal 24 febbraio 2020, a causa del Lockdown del COVID-19, ho lavorato da casa fino al 6 luglio 2020, data in cui sono tornata in ufficio. Dal 24 febbraio con mio marito Beppe ci recavamo la mattina presto a prendere il caffè al bar e per non sostare tanto ci fermavamo al banco. Avevamo idea che stesse succedendo qualcosa di importante ma non avevamo ancora chiaro cosa sarebbe successo. Il giorno 8 marzo il governo italiano decide di chiudere tutto e da quella data è iniziato il mio progetto caffè al banco: per 40 giorni ho postato ogni giorno un caffè al banco diverso. Ma cos'è il banco? Ora vi racconto. Non potevamo più andare al bar perché era tutto chiuso e così quel lunedì dopo aver fatto il caffè mi sono girata e ho appoggiato il caffè sull'asse da stiro pensando: "questo può essere un caffè al banco" dove il banco era l'asse.

Ho fatto una foto e l'ho postata su Facebook, così ho fatto per 40 giorni e cioè dall'8 marzo sino al 21 aprile 2020. Ogni mattina mi svegliavo e ogni mattina avevo un'idea diversa. Piano piano ho capito che anche i miei amici aspettavano i miei caffè e che questi caffè erano un modo per tenerci uniti e per aiutarci ad andare avanti. Io mi sono divertita moltissimo perché ho potuto esercitare la mia creatività e inventarmi tutti i giorni un nuovo caffè al banco.

Oggi, mentre vi scrivo, è l' 8 luglio 2020 e posso affermare che ancora molte colazioni di lavoro e molti incontri con gli amici iniziano commentando i miei caffè al banco. Per questo motivo ho pensato, insieme alla mia amica Dana, di fare un libro che potesse racchiudere e immortalare quei momenti e in qualche modo non trascurare un periodo così importante che è stato utile per ritrovare gli amici e per ritrovare anche un po' me stessa.

Buon divertimento,

~Francesca

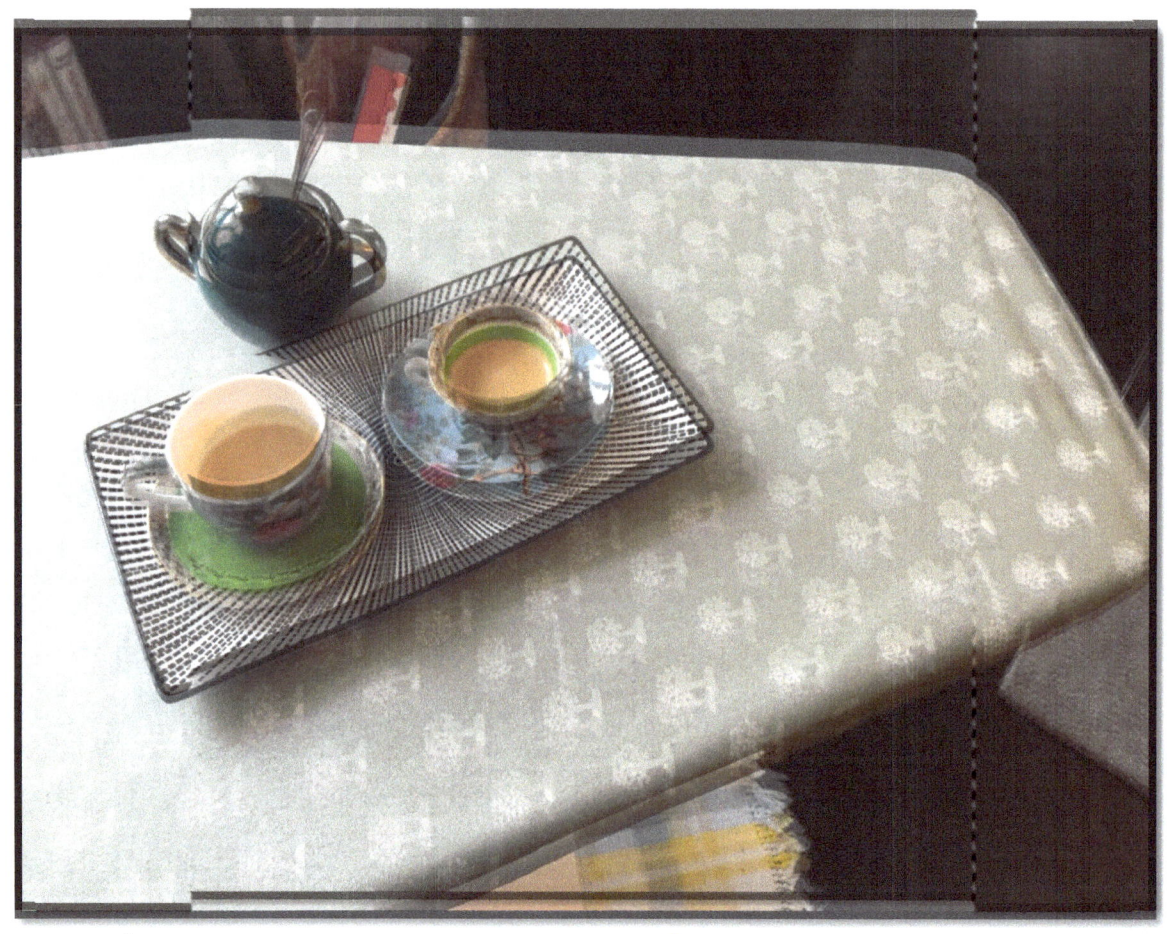

giorno 1

Caffè al banco

Coffee at the counter

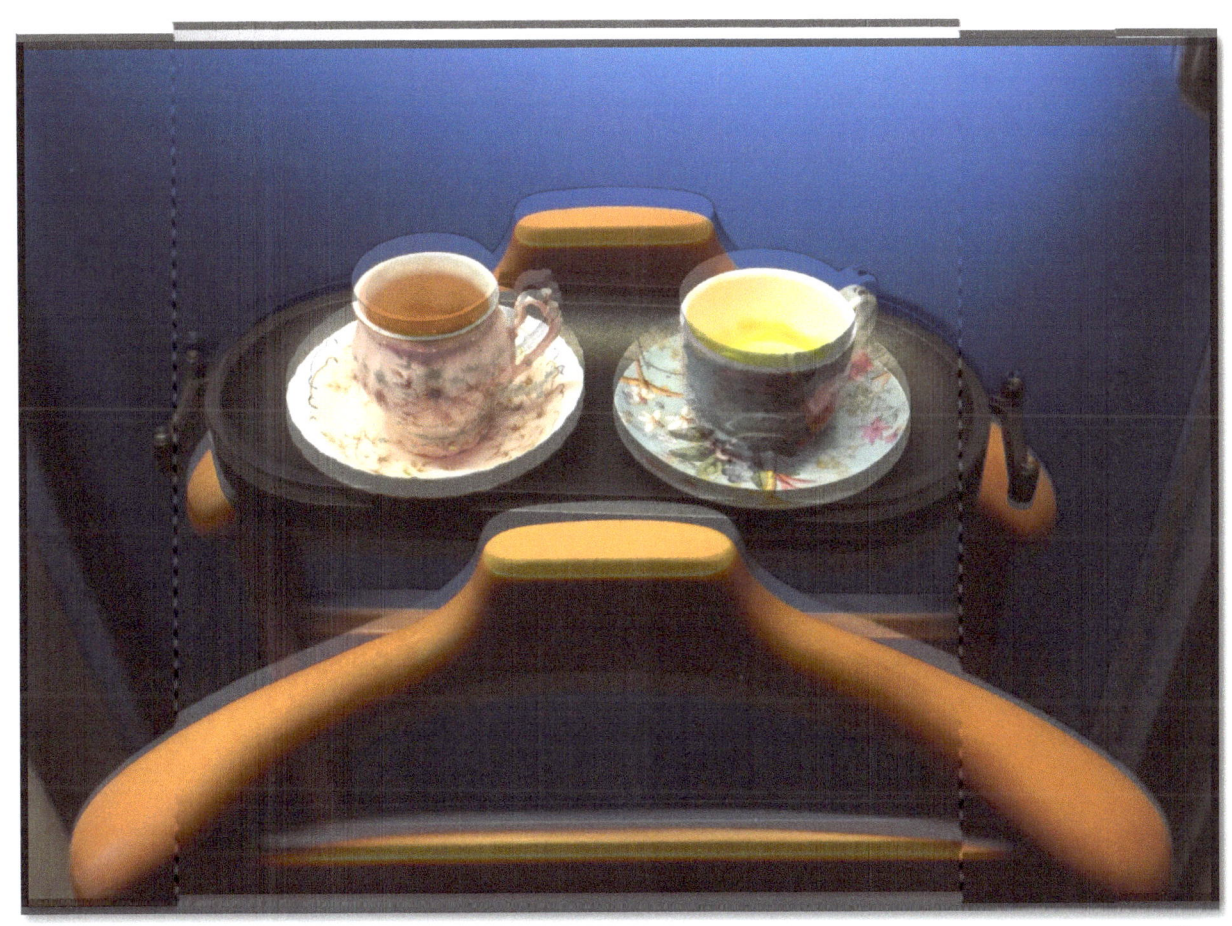

giorno 2

Buon Sabato

Happy Saturday

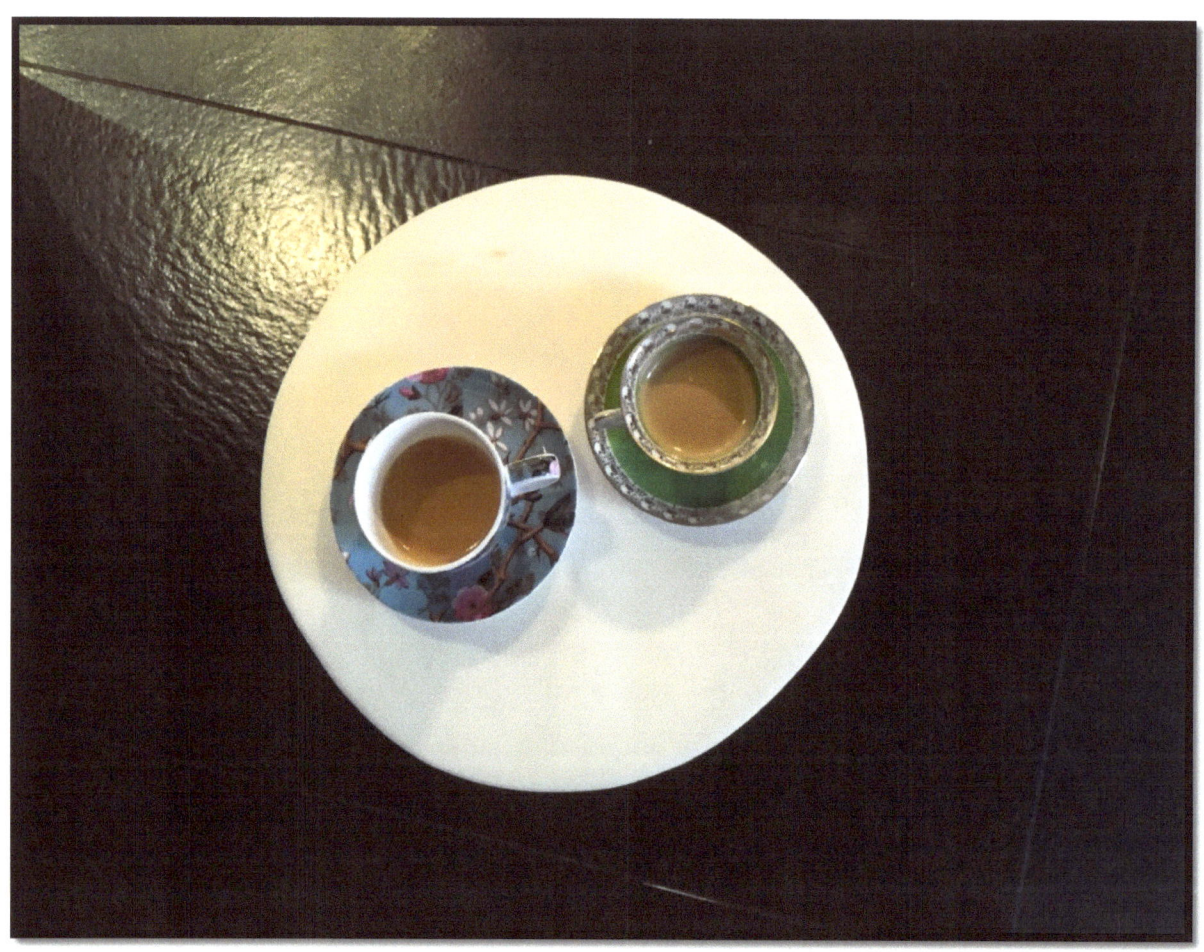

giorno 3

Buona Domenica a tutti con il cuore

Happy Sunday with my heart

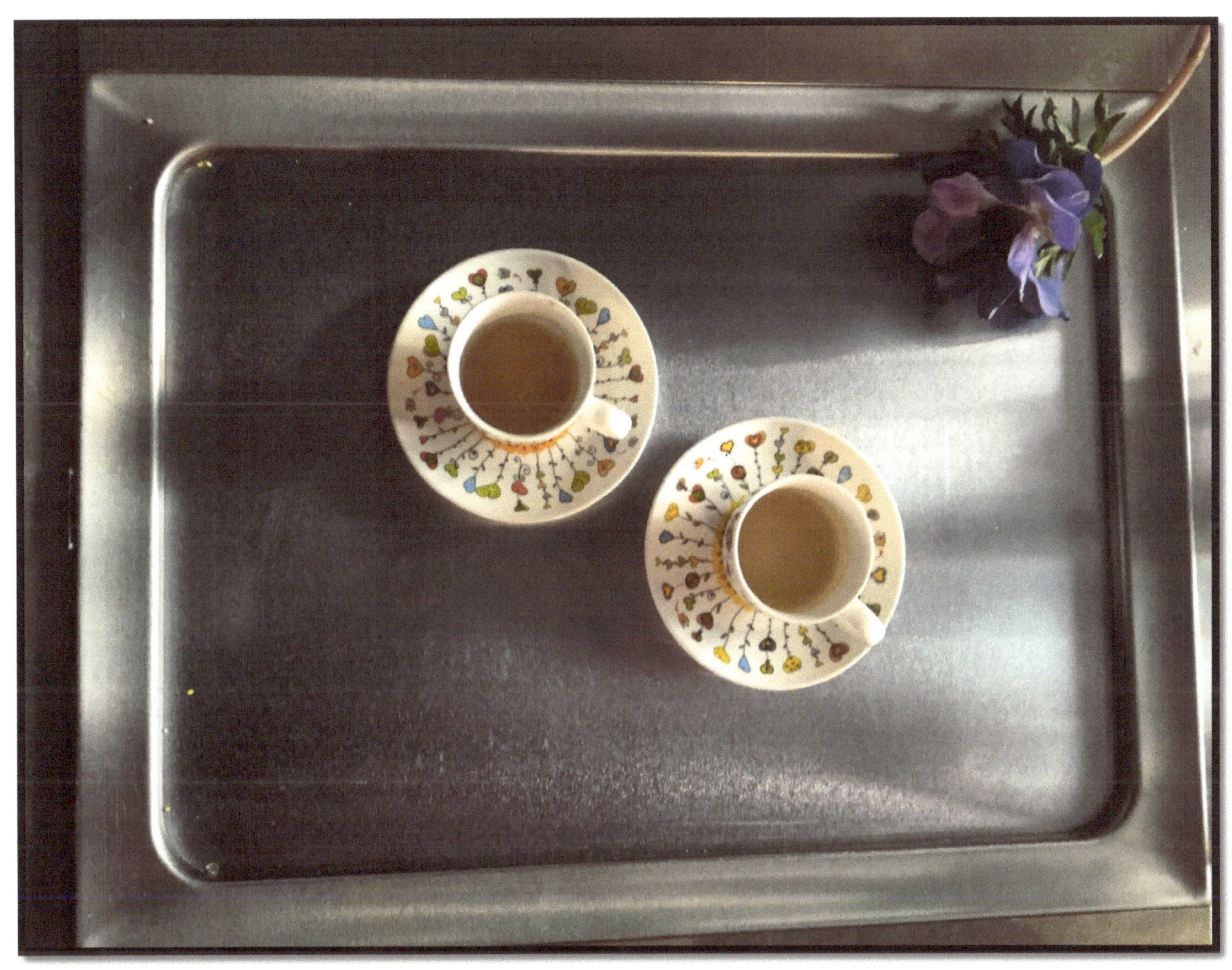

giorno 4

Buona settimana a tutti, cuori e fiori

Happy week to all, hearts and flowers

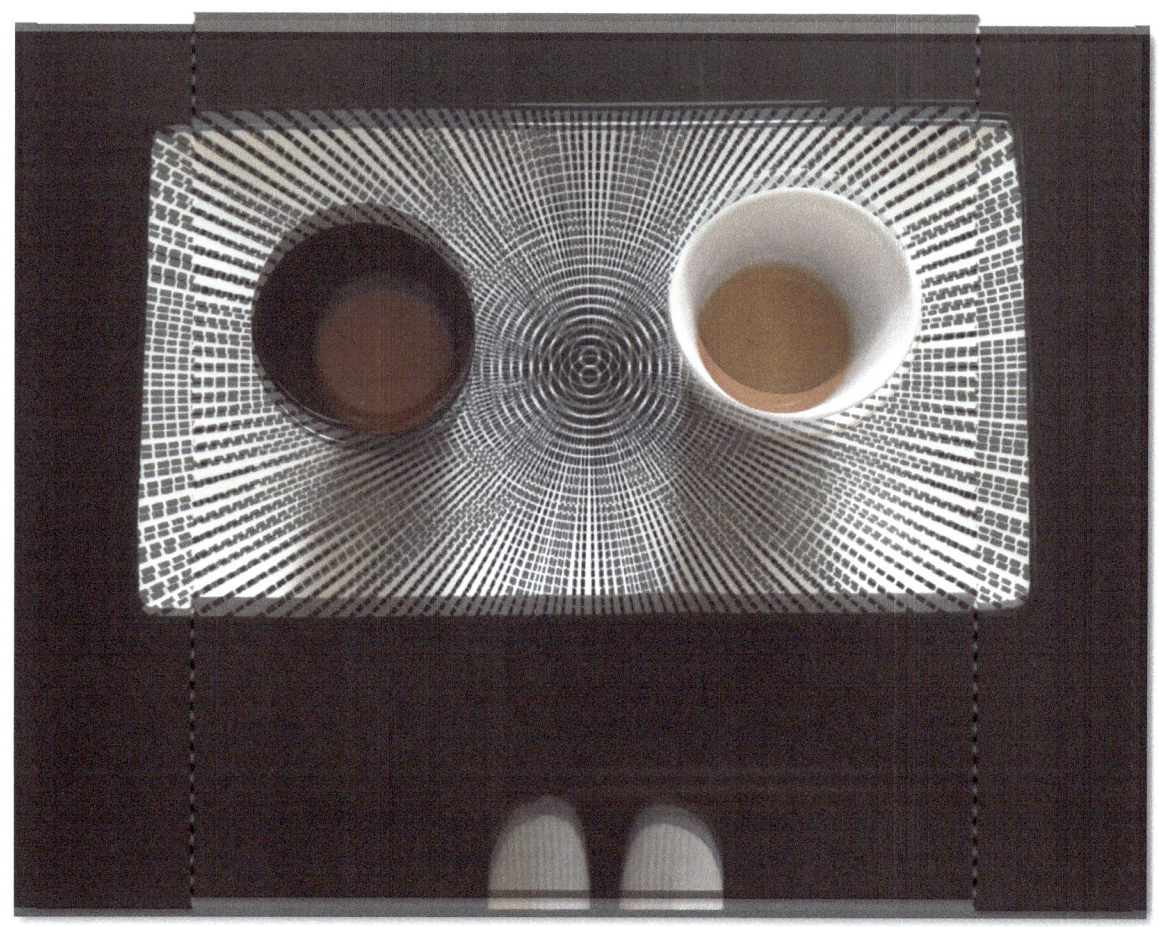

giorno 5

Caffè con intruso

Coffee with a guest

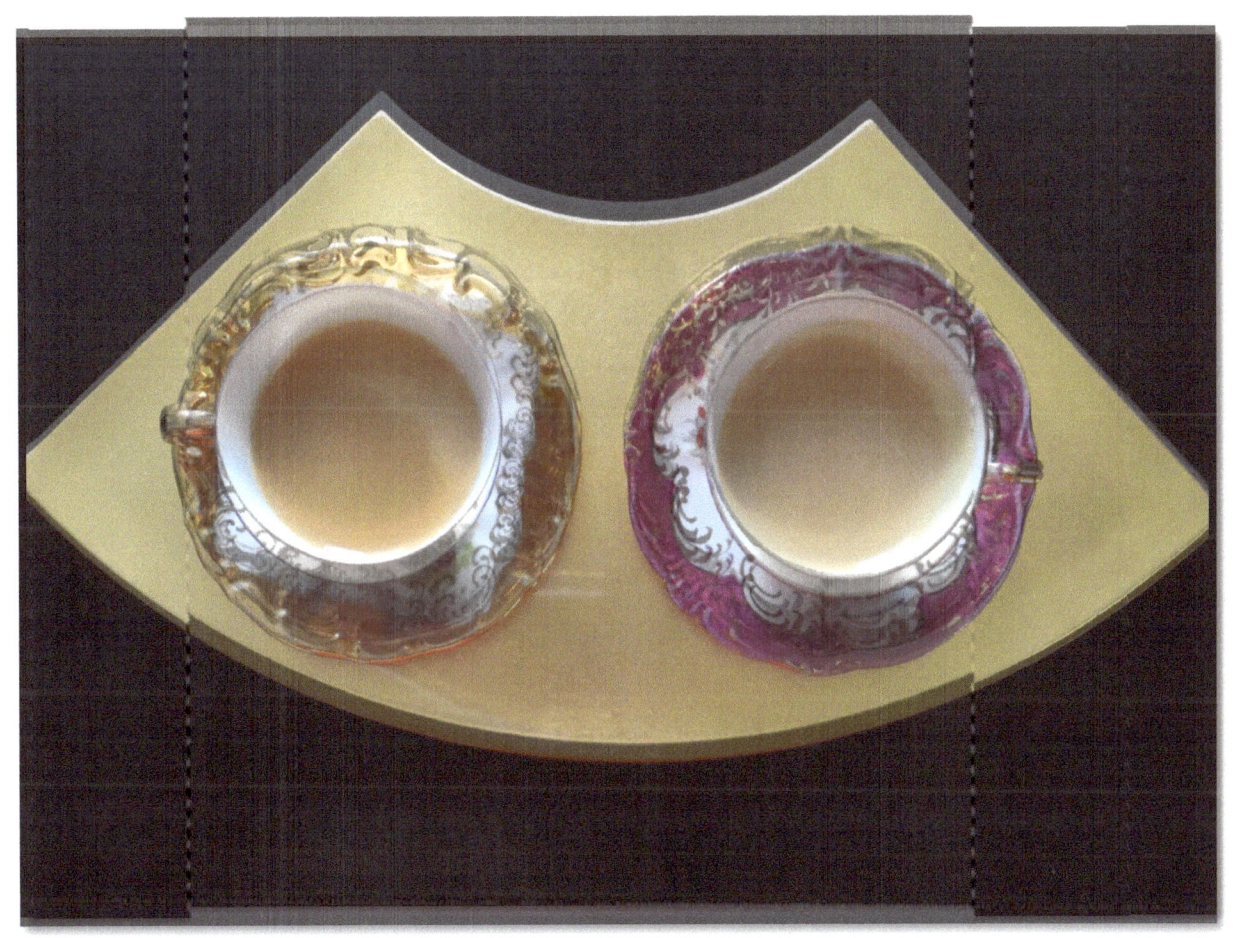

giorno 6

Oro e luce per tutti

Gold and light for all

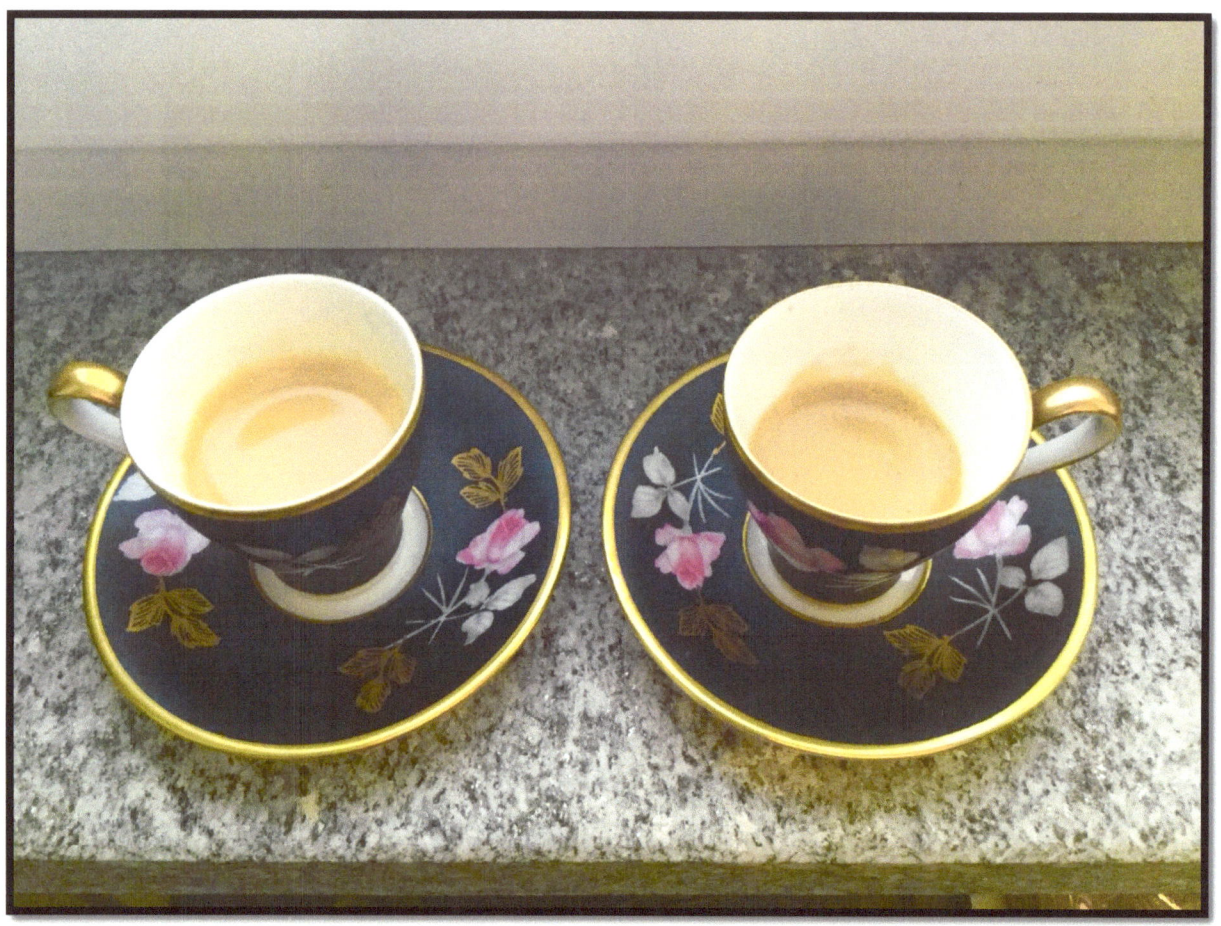

giorno 7

Oggi prendiamo un caffe' speciale per la festa del *papà "auguri papà Gianni"* e auguri al mio adorato zio Giancarlo che compie gli anni e a tutti quelli che si chiamano Beppe, Giuseppe, Pino auguri!

Today we have a special coffee for Father's Day *"auguri papà Gianni"*; for my beloved uncle Giancarlo who turns 76 and for all those who are called Beppe, Giuseppe, Pino, my best wishes!

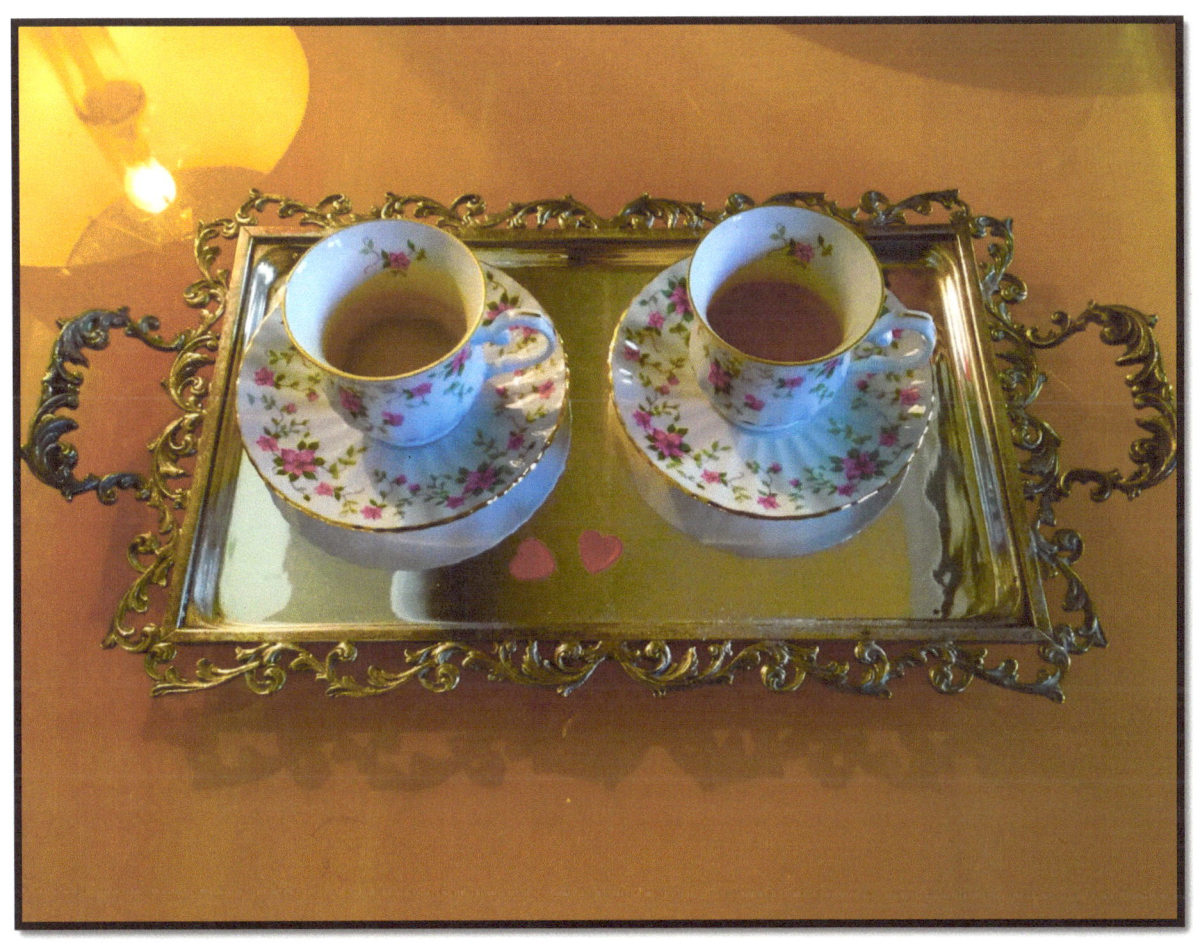

giorno 8

Versione chic...quando ricevo amici e amiche come voi

When I receive special friends like you

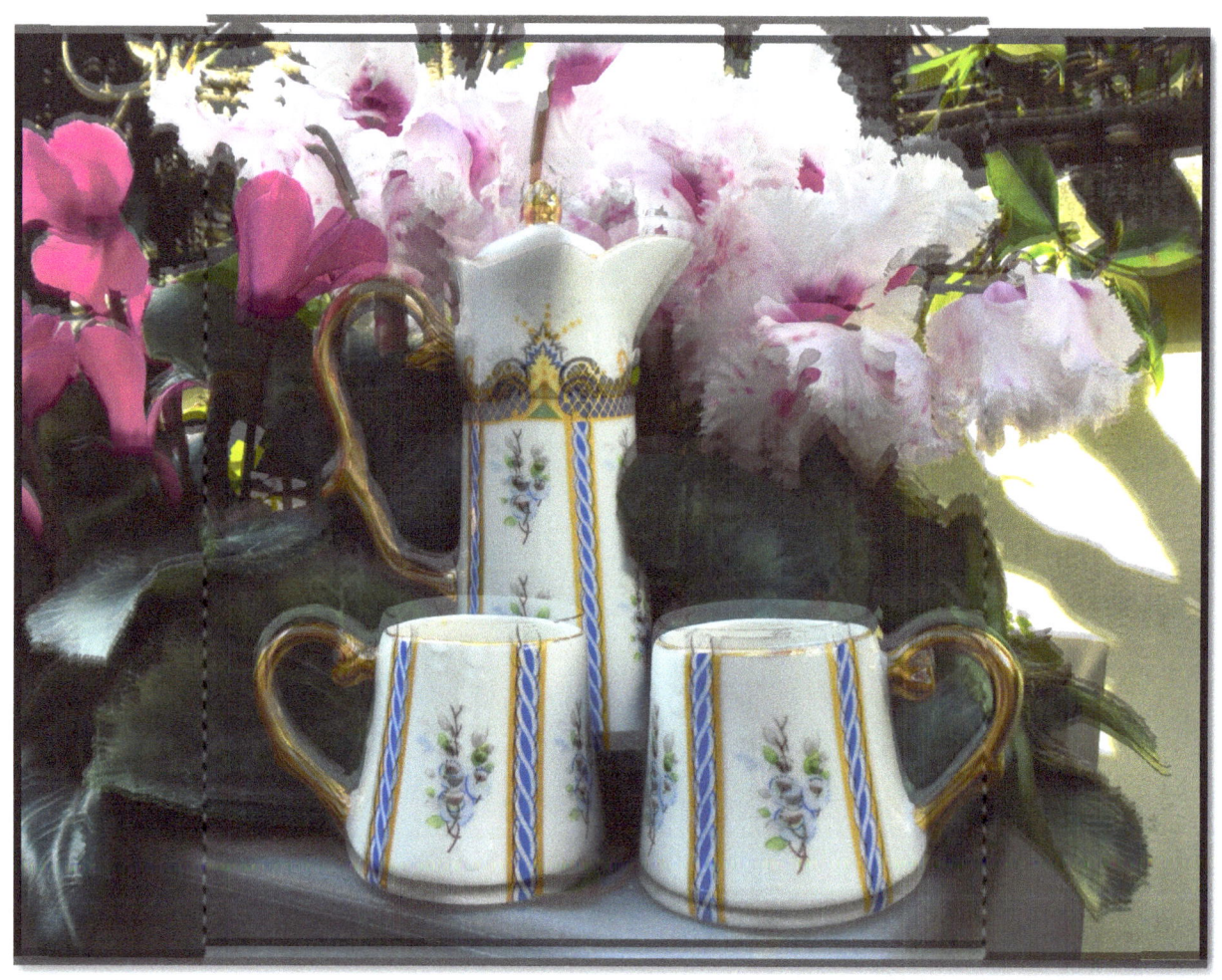

giorno 9

Caffé del primo Sabato di primavera: gioia e colori

Coffee of the first Saturday of spring: joy and colors

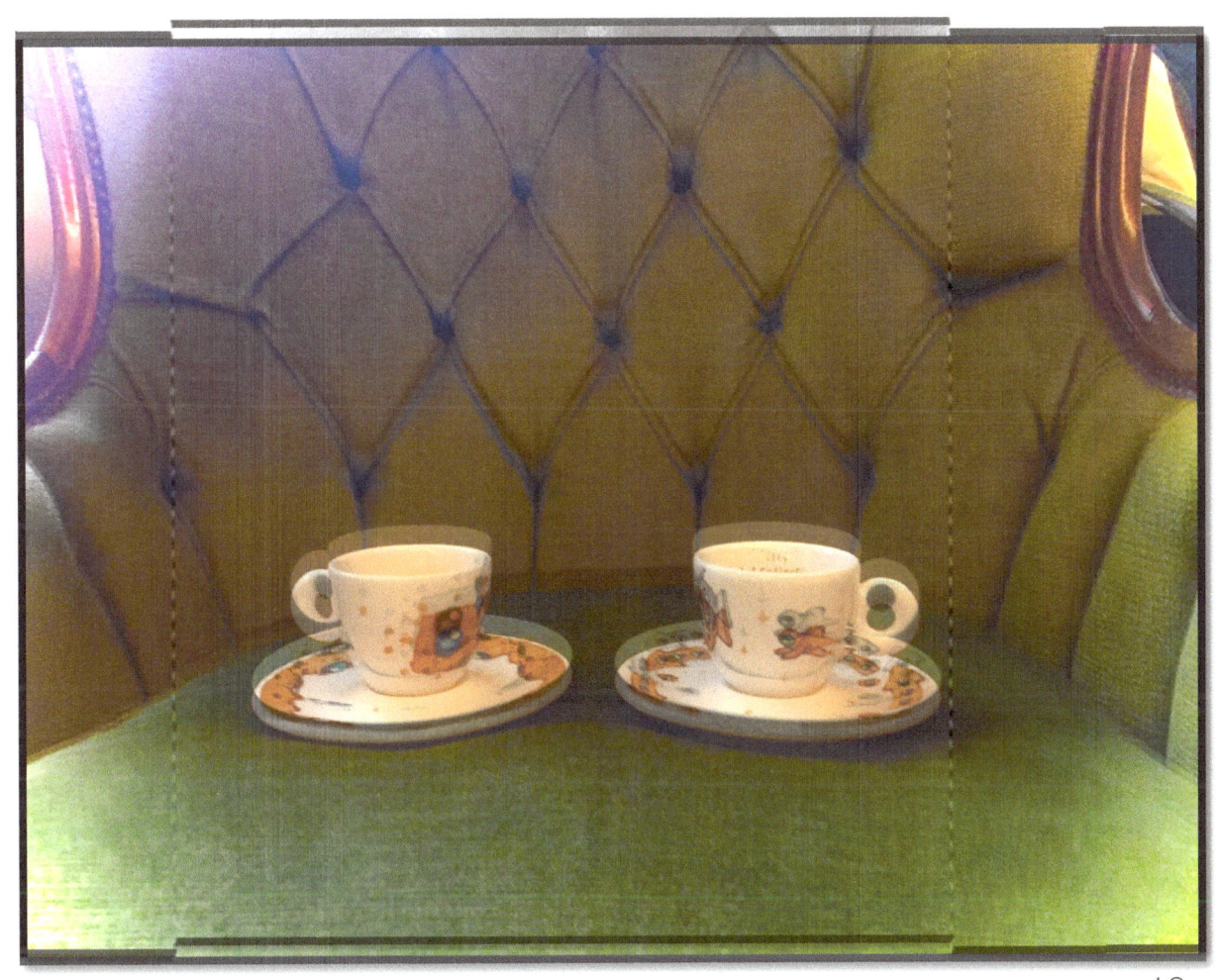

giorno 10

Sul sofà per augurare a tutti una buona Domenica

On a sofa to wish a good Sunday to all of you

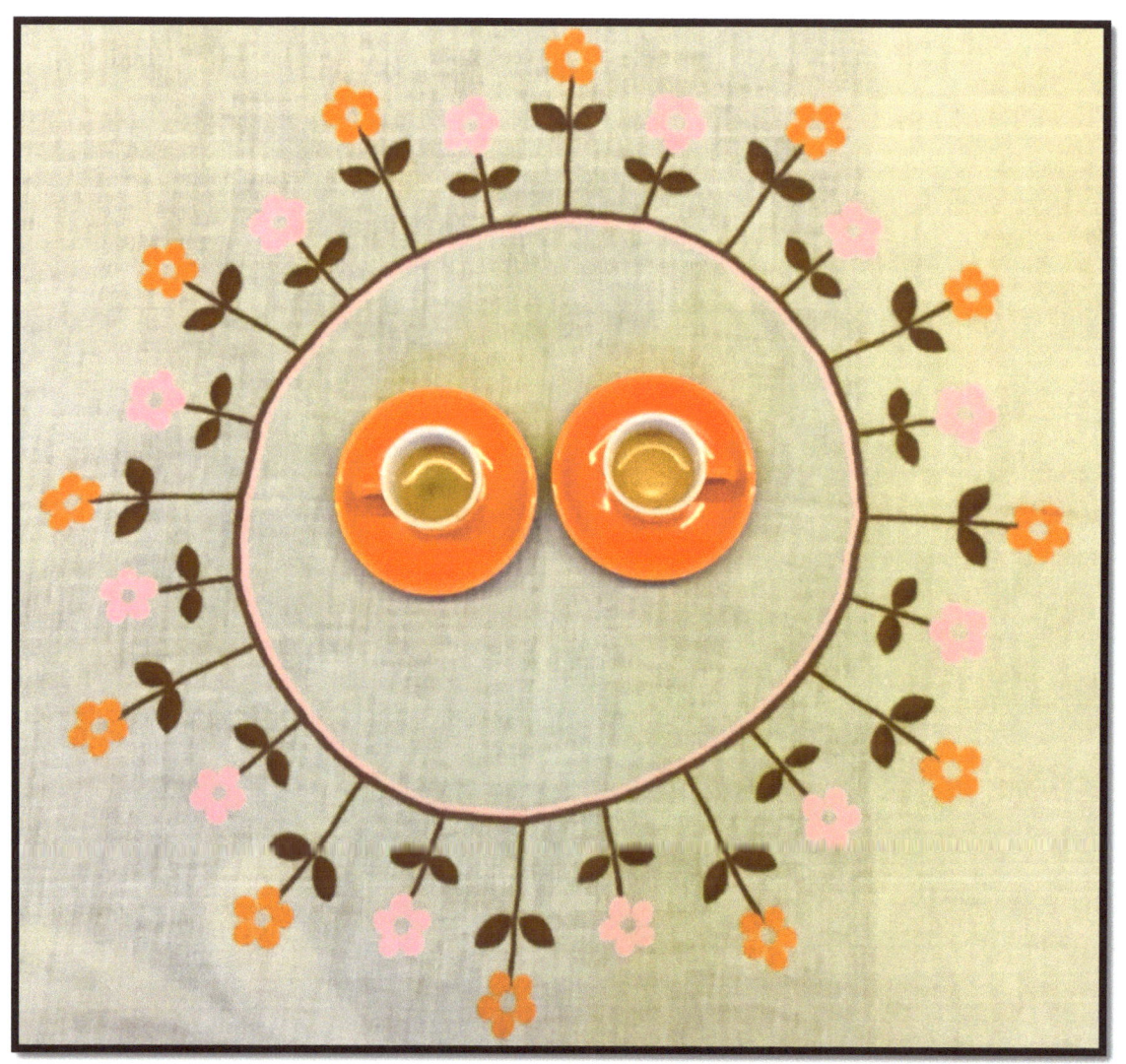

giorno 11

Caffè sur l'erbe - buona settimana a tutti

Coffee sur l'erbe - good week to everyone

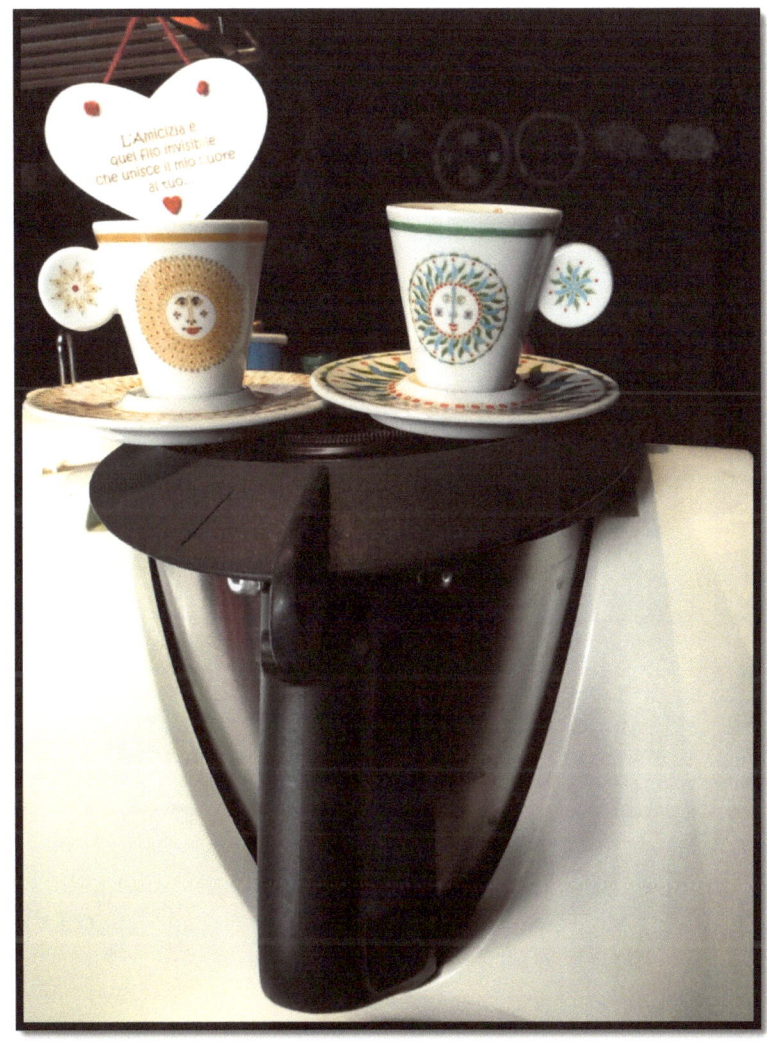

giorno 12

Caffè dell'amicizia

Friendship coffee

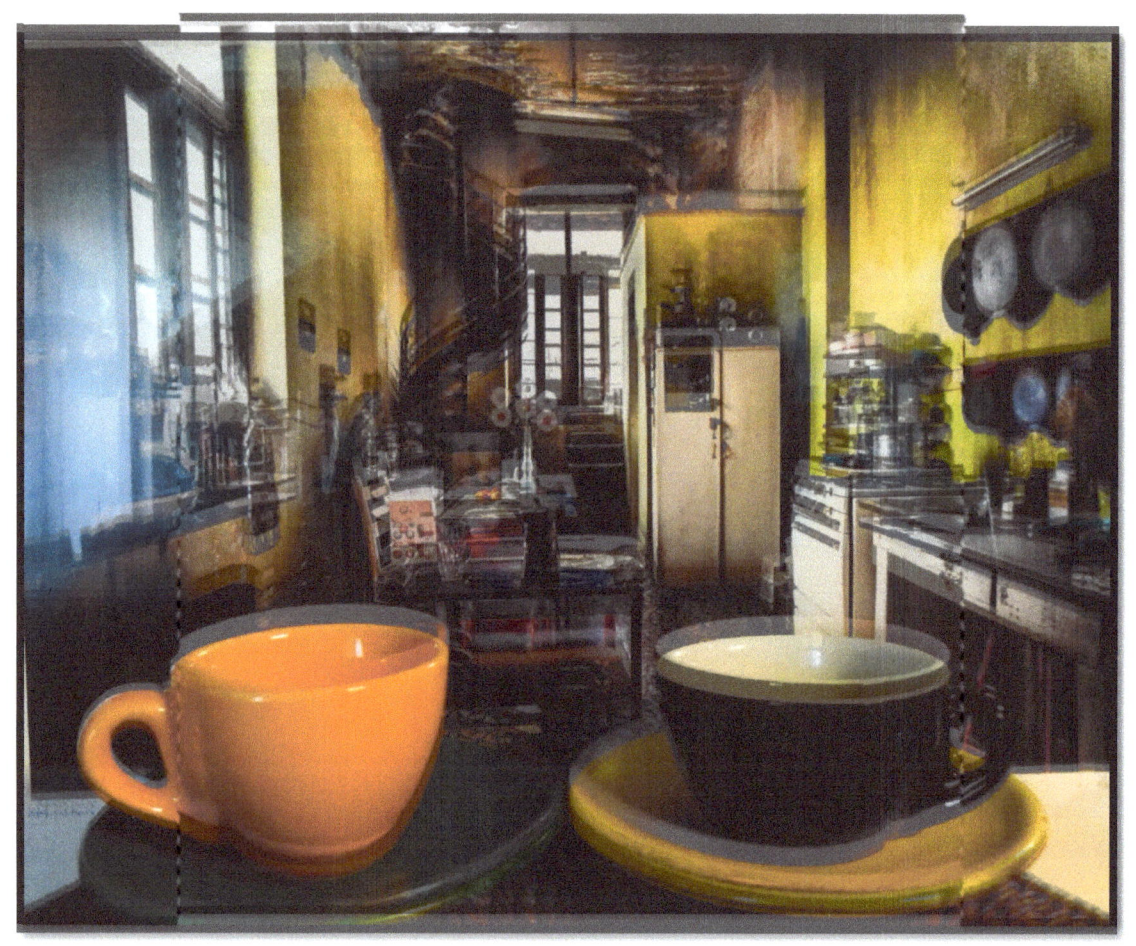

giorno 13

Da una cucina di Cuba; foto di Martmann Bernard

From a kitchen in Cuba; photograph by Martmann Bernard

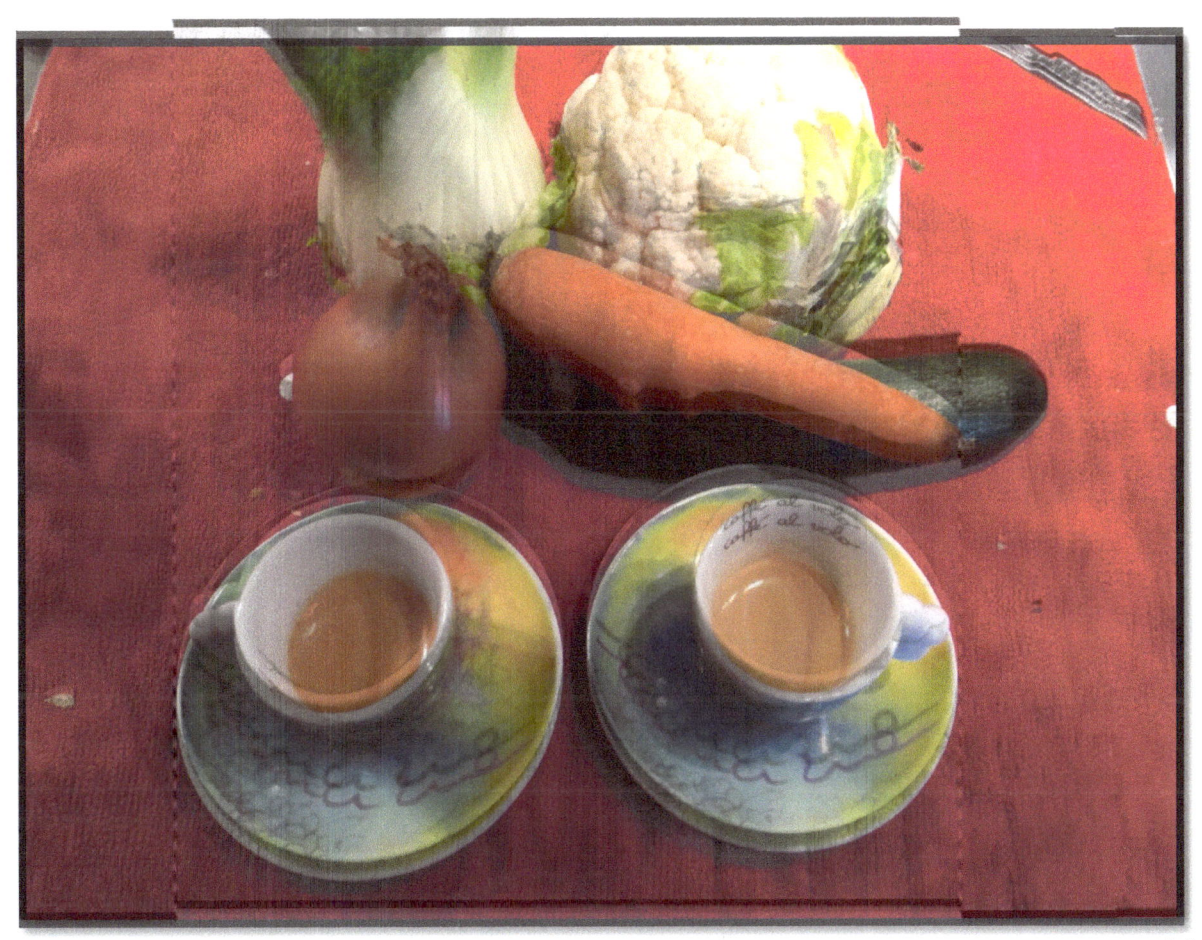

giorno 14

Oggi al banco di verdure

Today at the vegetable counter

giorno 15

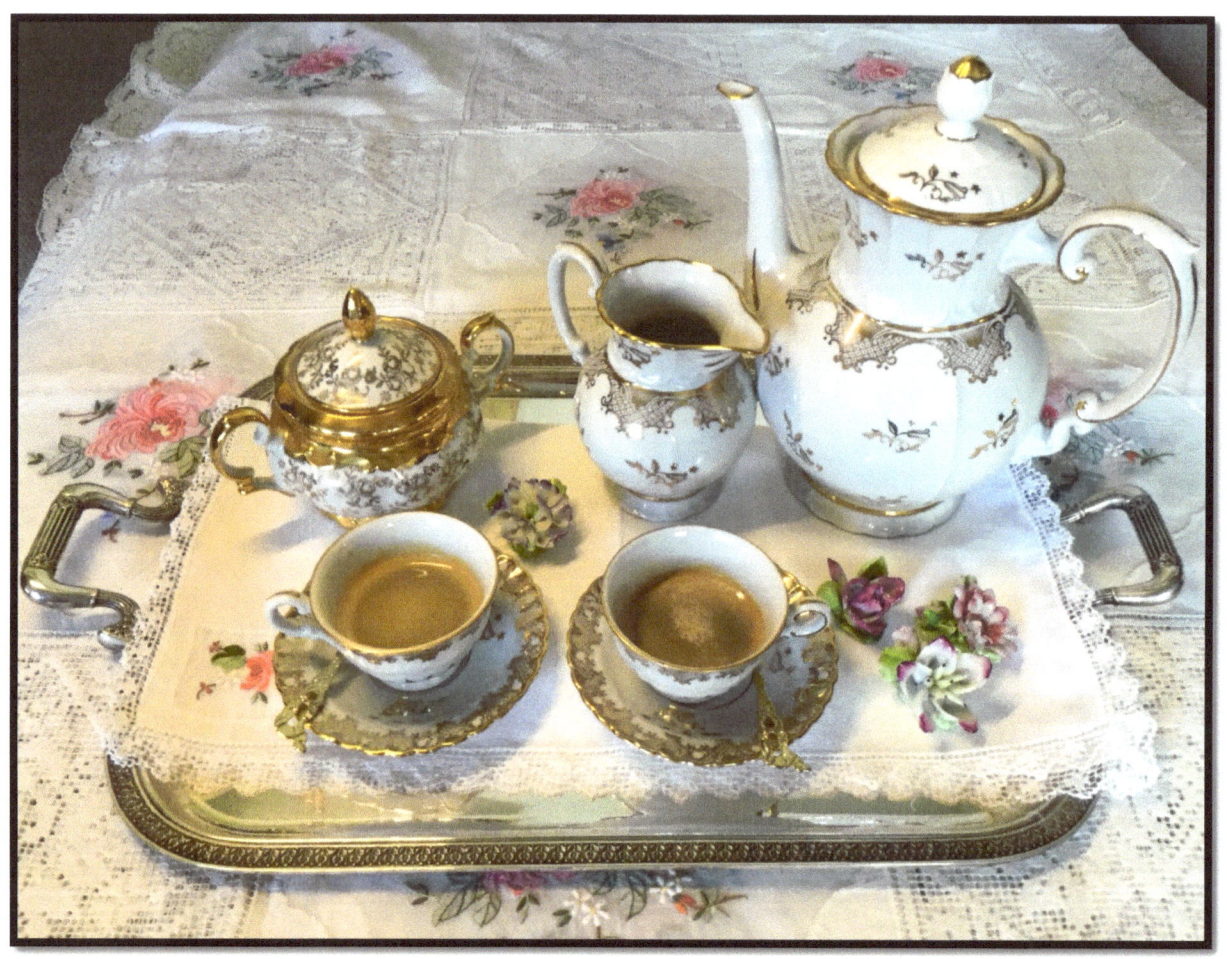

Caffè della contessa

Countess's coffee

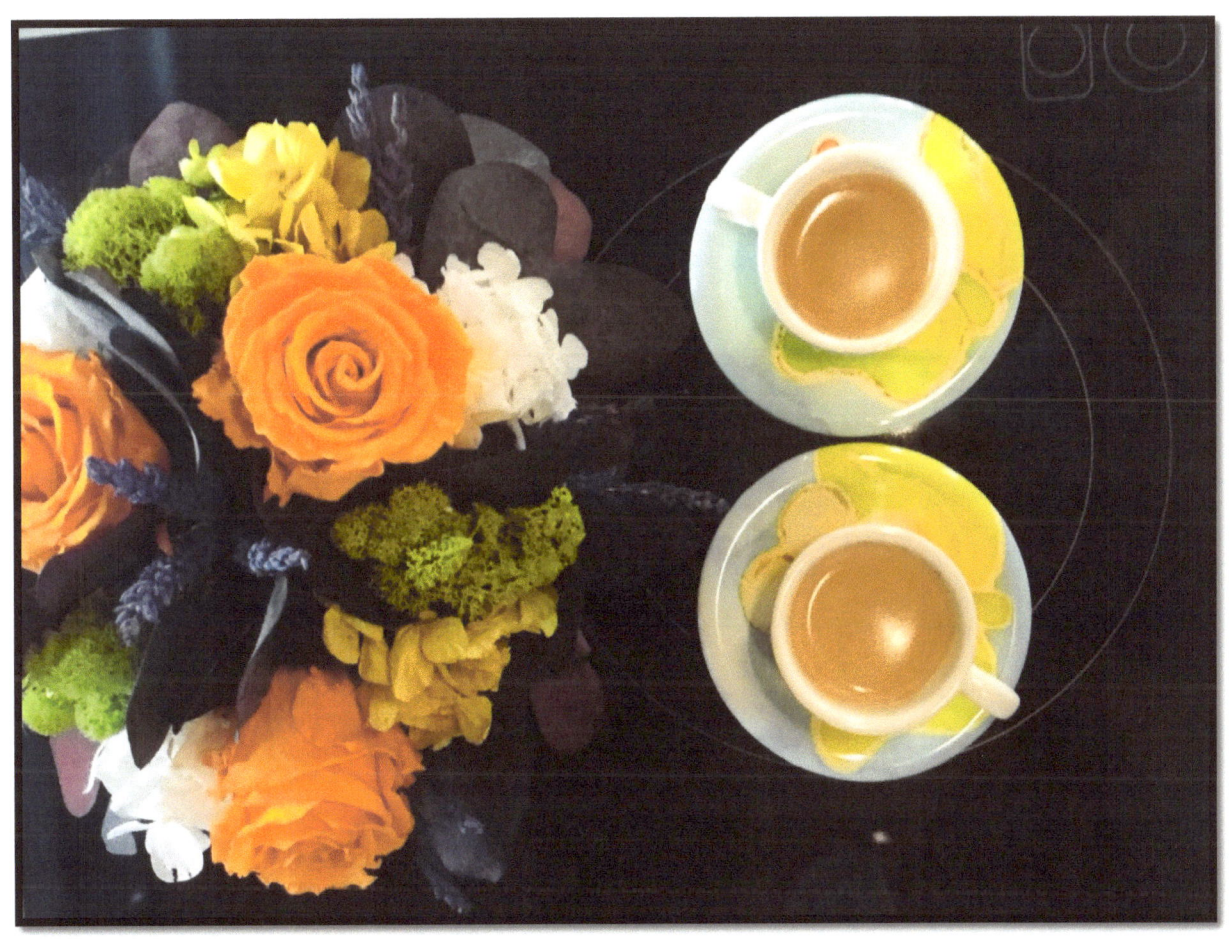

giorno 16

Caffè indotto

Induced coffee

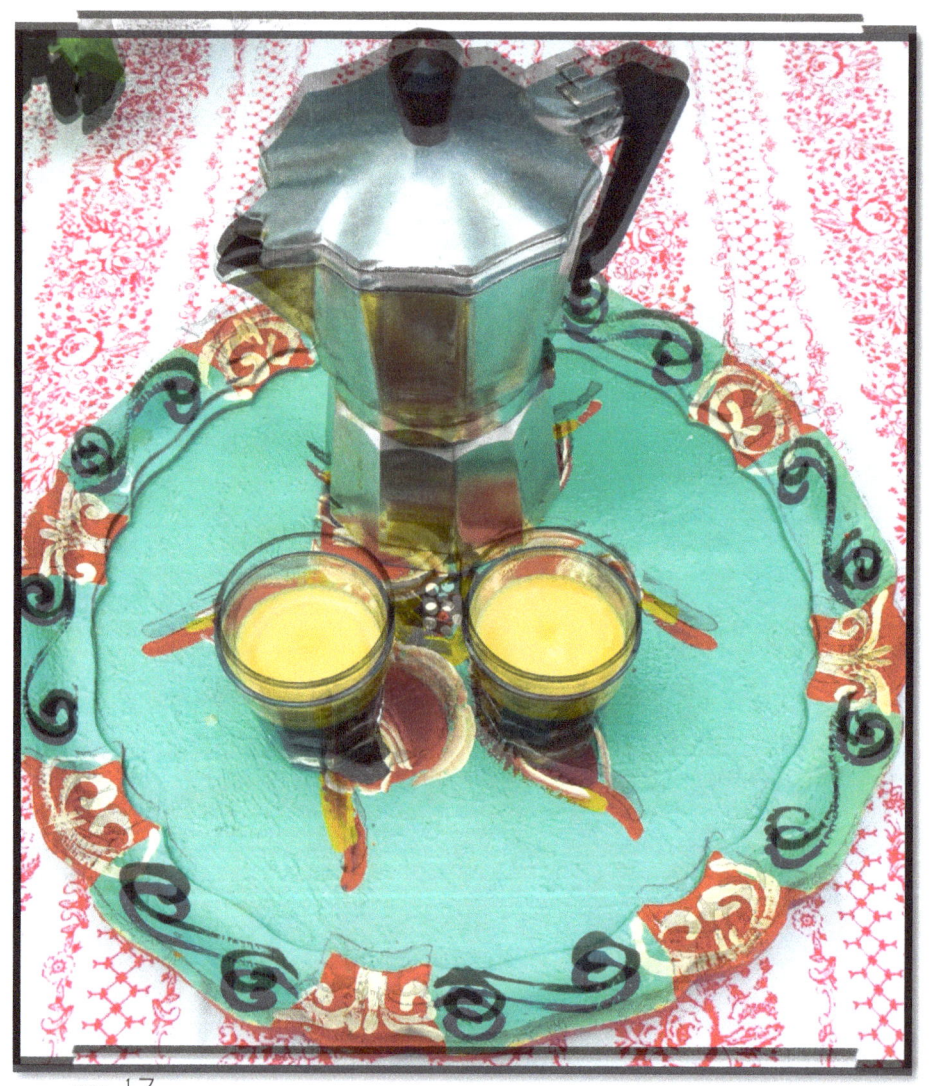

giorno no 17

Ritorno agli anni '60 con un po' di Roma dentro

Back to the '60's with a bit of Rome inside

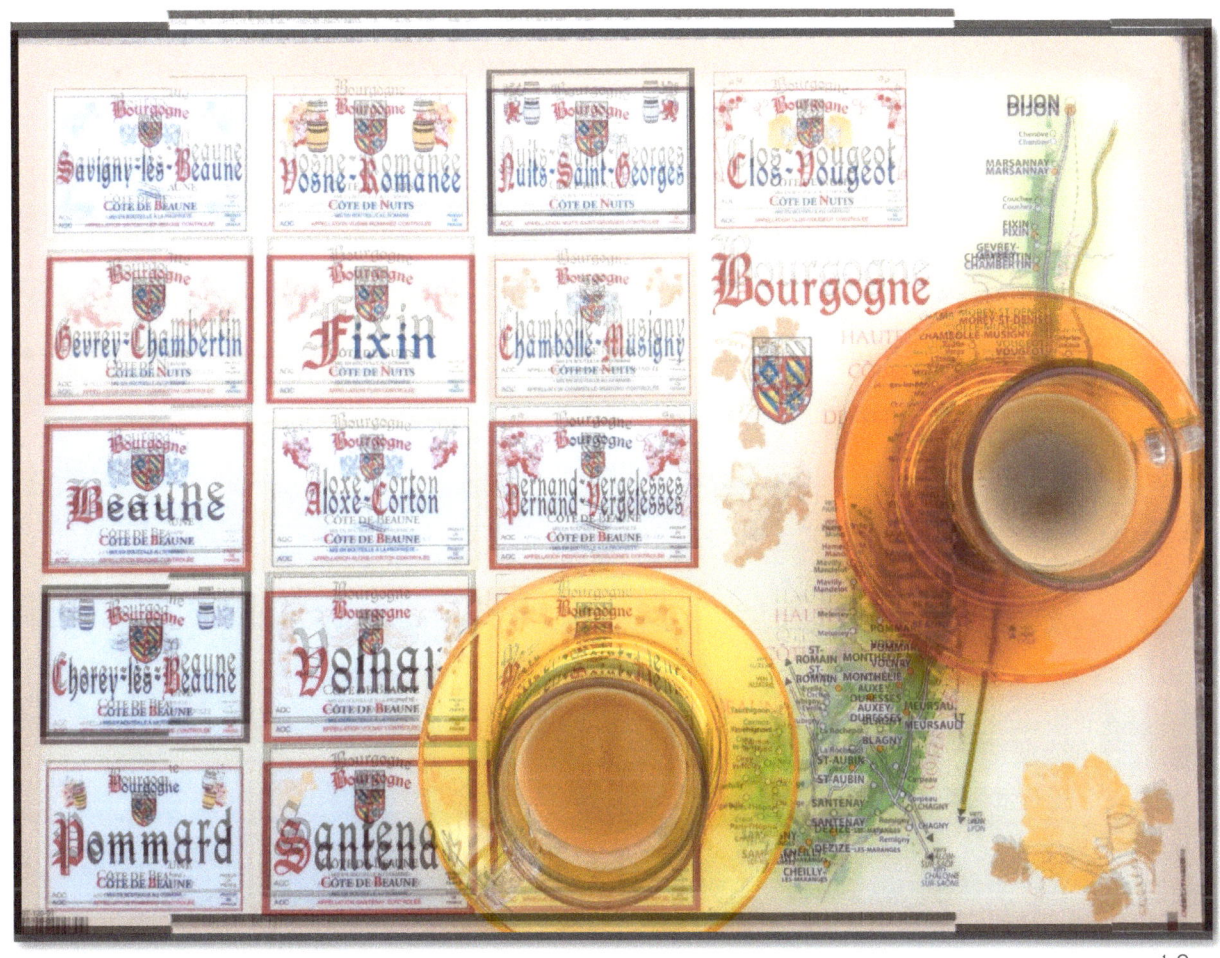

Caffè in Borgogna: ricordando una passeggiata in bicicletta tra le vigne. Buona settimana.

Coffee in Burgundy: remembering a bicycle ride through the vineyards. Have a good week.

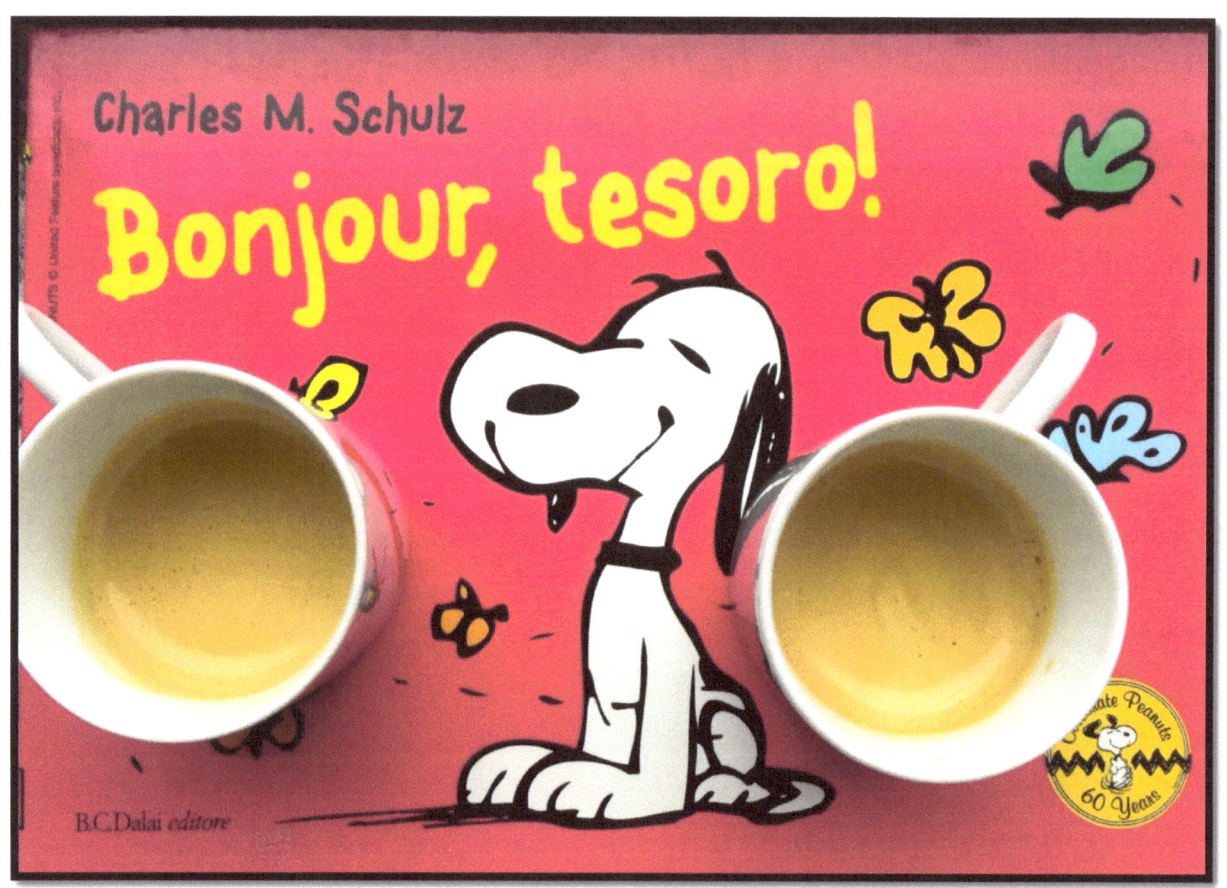

giorno 19

Con Linus, buongiorno tesoro

With Linus, good morning my dear

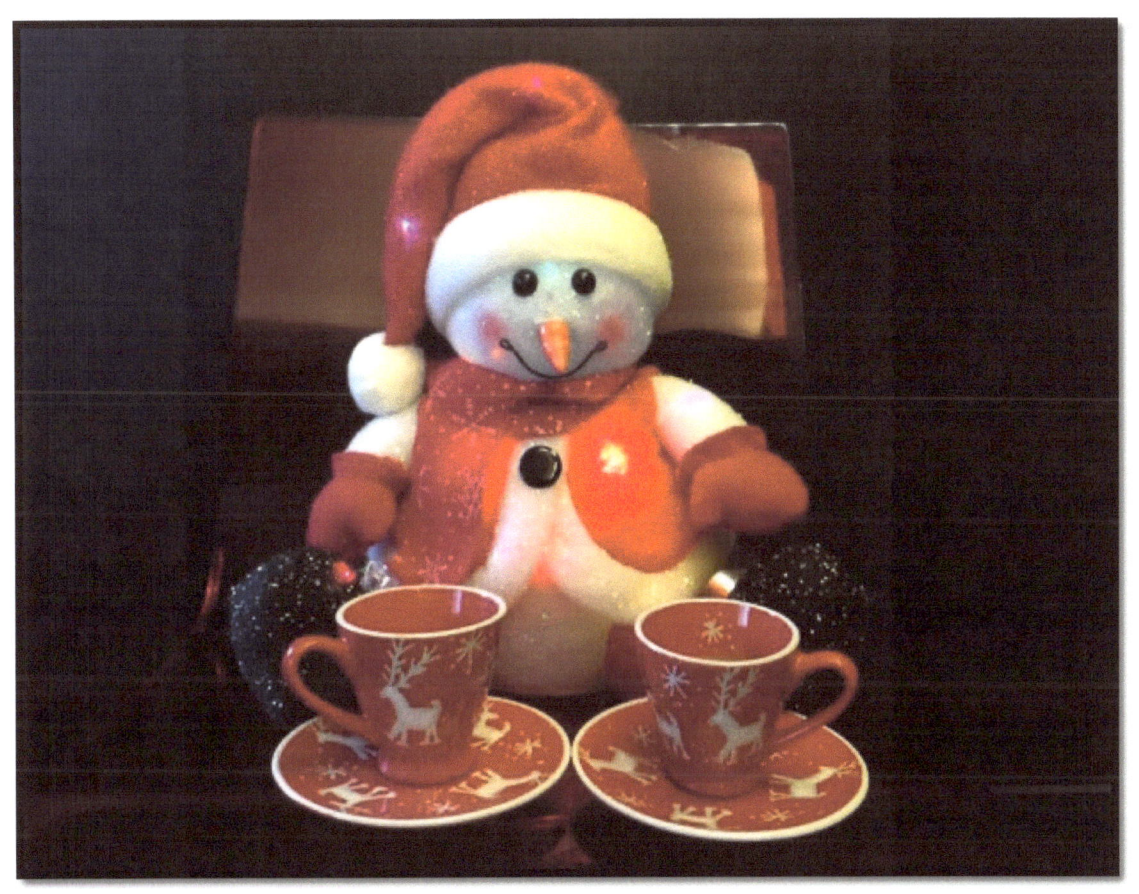

giorno 20

Primo d'aprile...caffè natalizio con Frosty

April 1st...Christmas coffee with Frosty

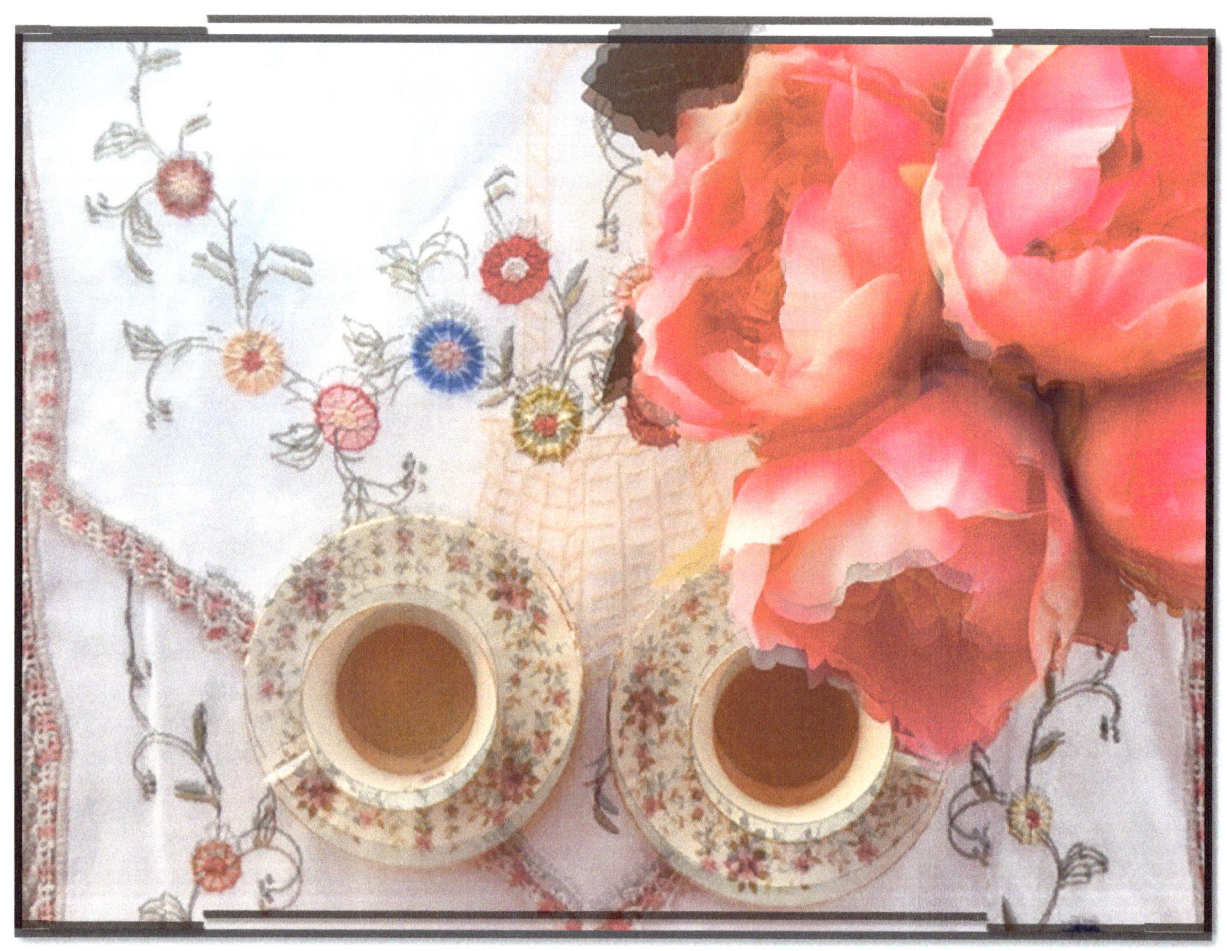

giorno 21

Caffè del compleanno: Auguri sorellina Silvia! Grazie a tutti coloro che hanno reso questo compleanno indimenticabile.

Birthday coffee: Best wishes little sister Silvia! Thanks to everyone who made this birthday unforgettable.

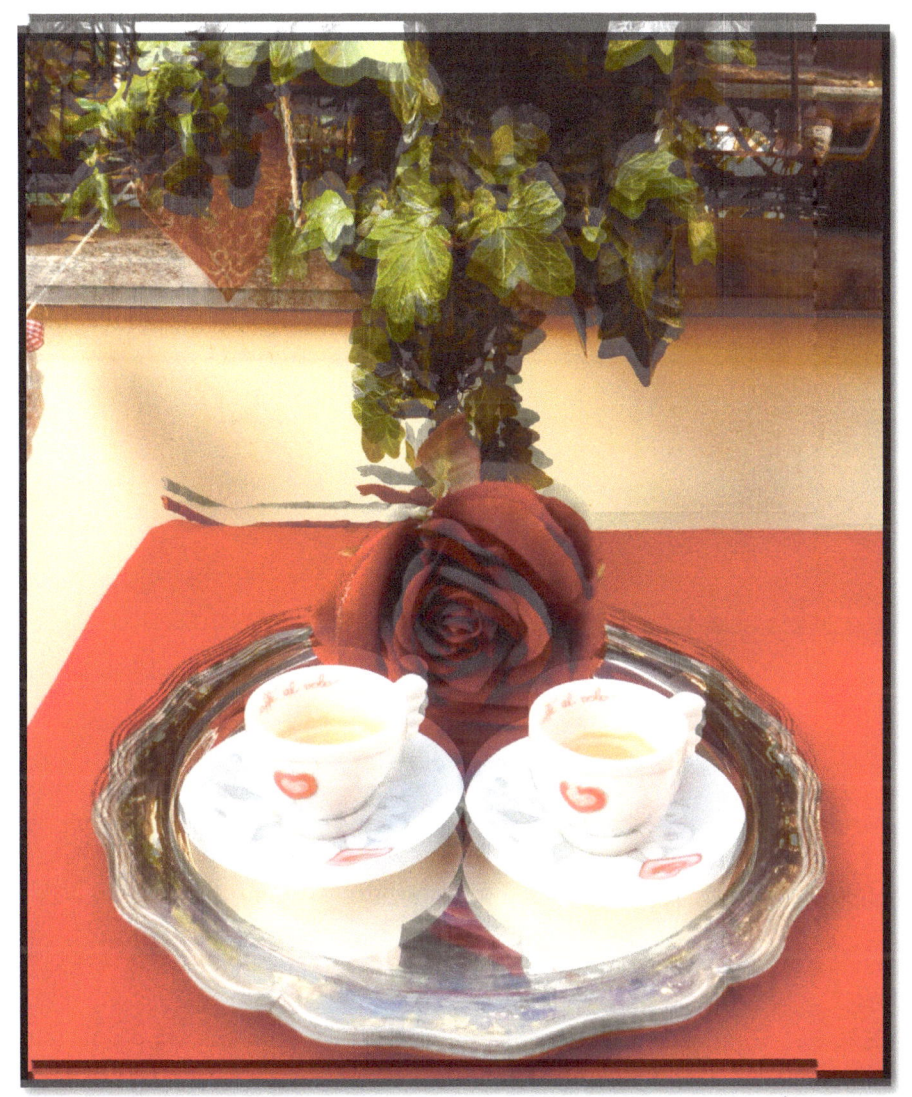

giorno giorno 22

La bellezza dei legami

The beauty of connections

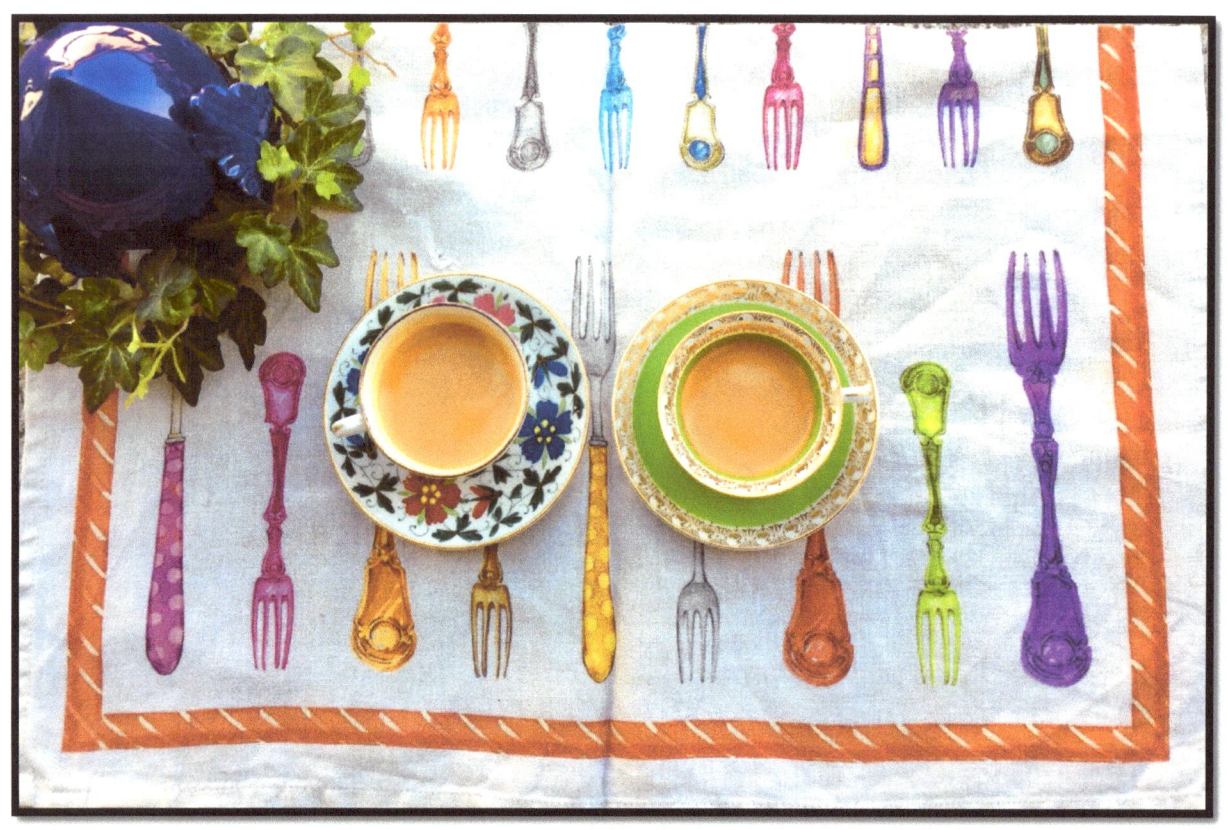

giorno 23

Buon Sabato a tutti

Happy Saturday to all of you

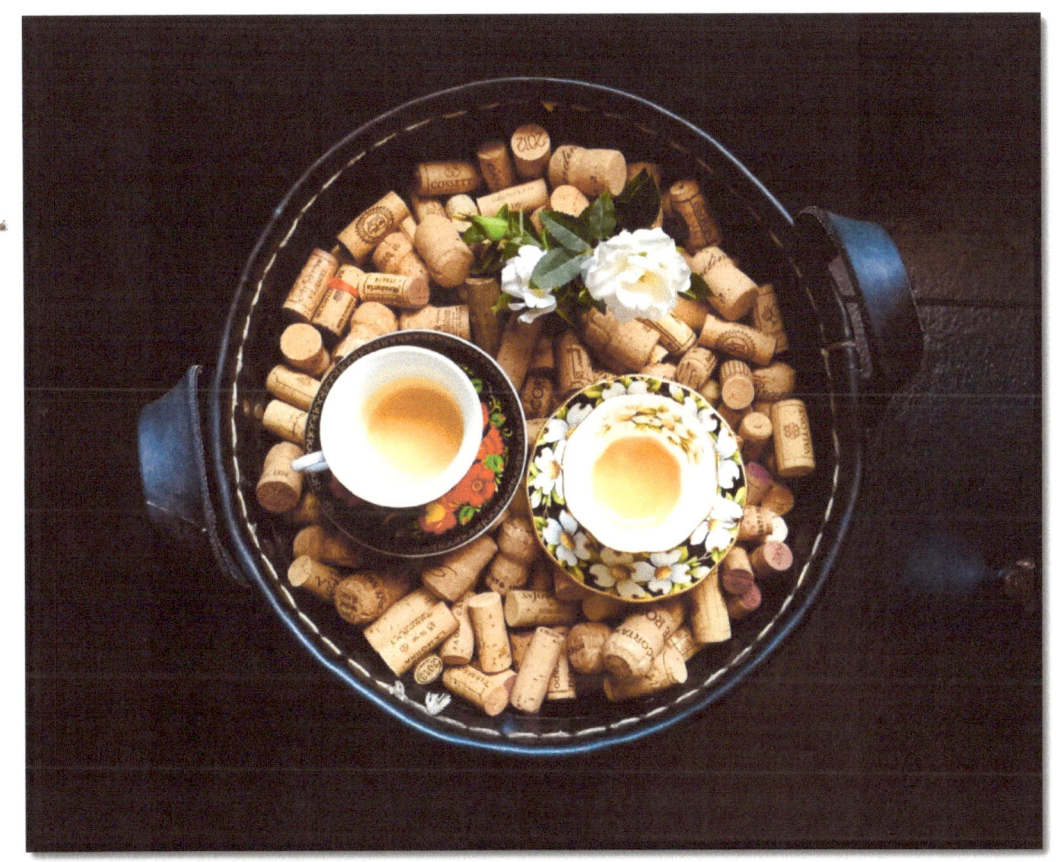

giorno 24

Un caffettino ci vuole proprio questa mattina!
Buona Domenica.

You need a little coffee this morning! Have a nice Sunday.

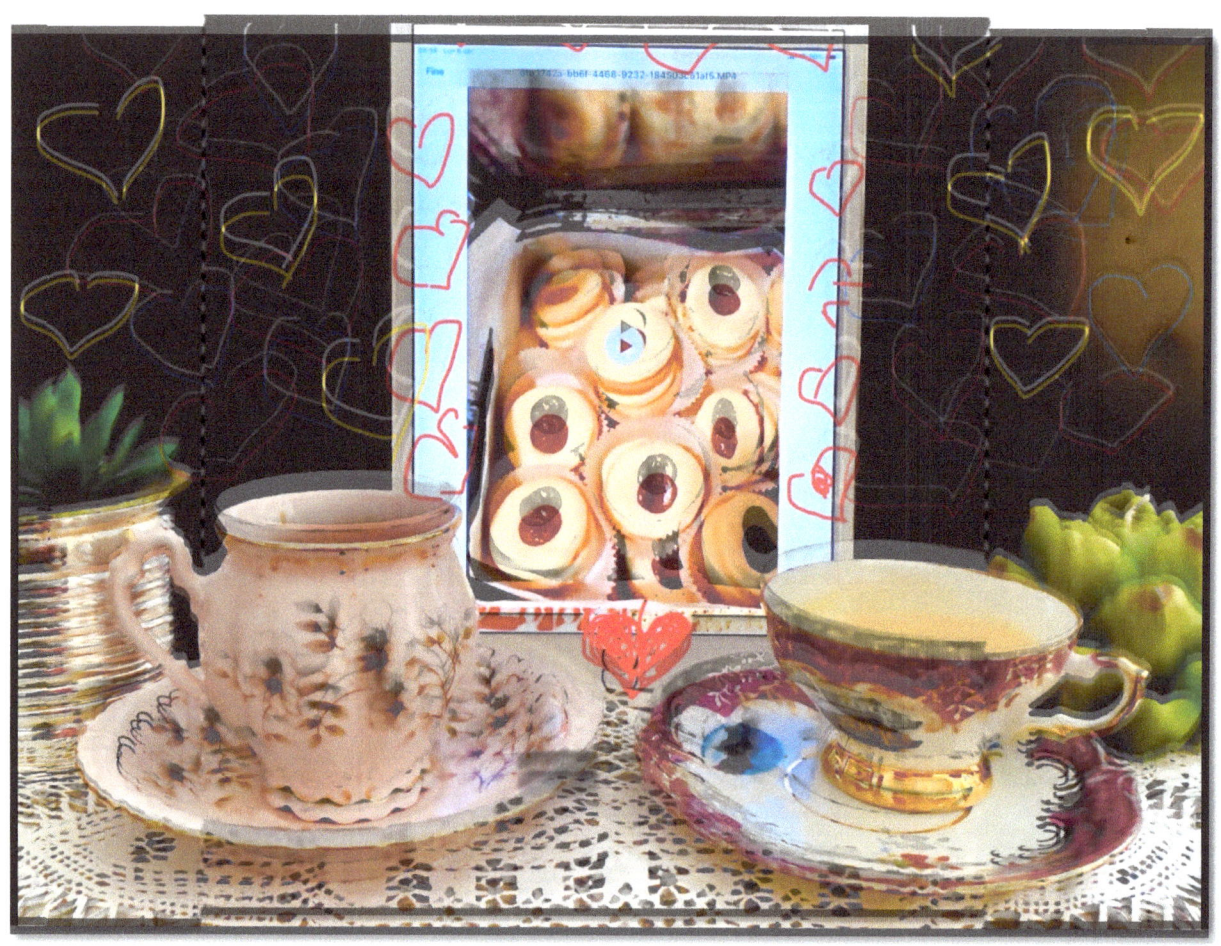

giorno 25

Cosa puoi combinare se una tua amica ti manda la foto dei biscotti che faceva la sua mamma? Buona settimana.

What can you do if your friend sends you a photo of the cookies her mom used to make? Have a good week.

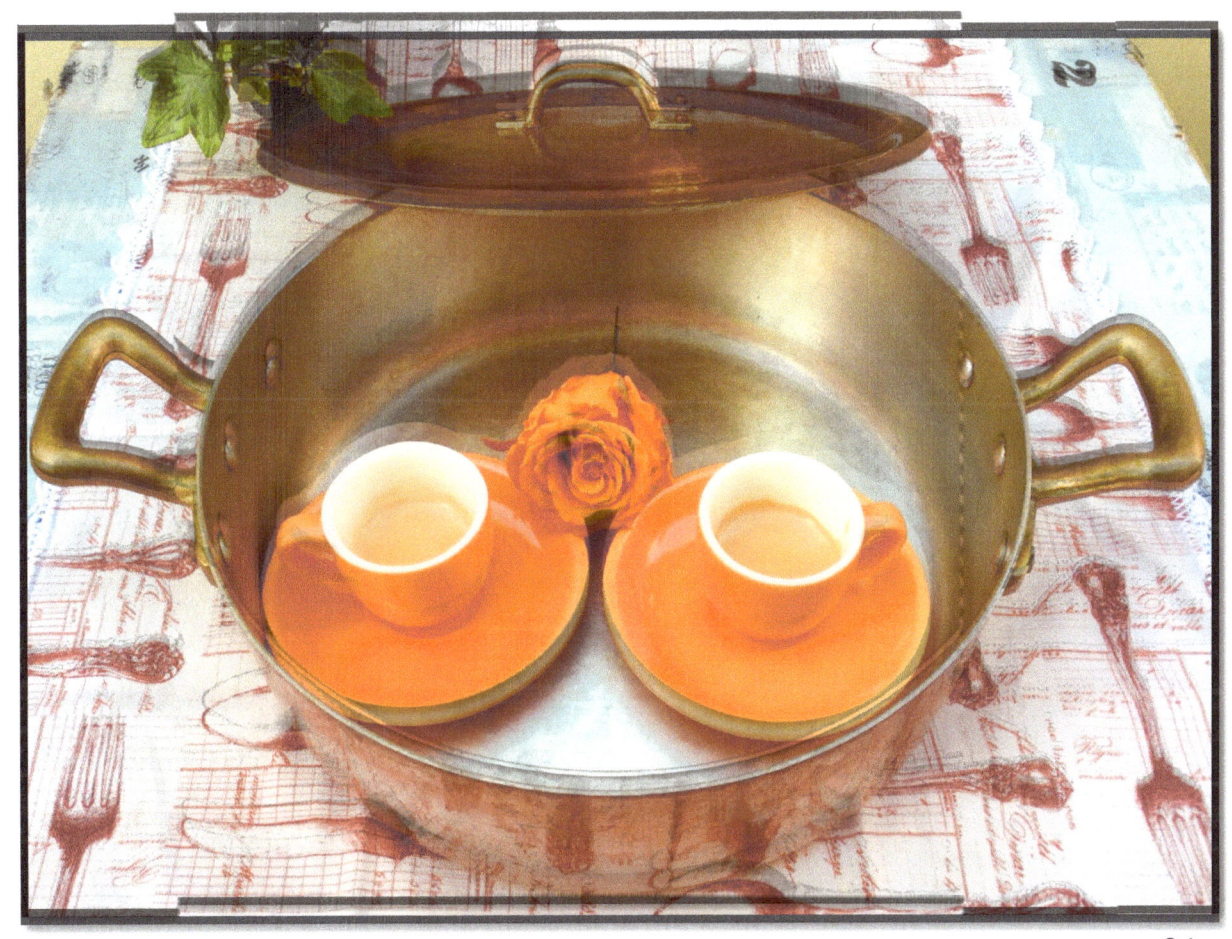

Caffè in pentola

Coffee in the pot

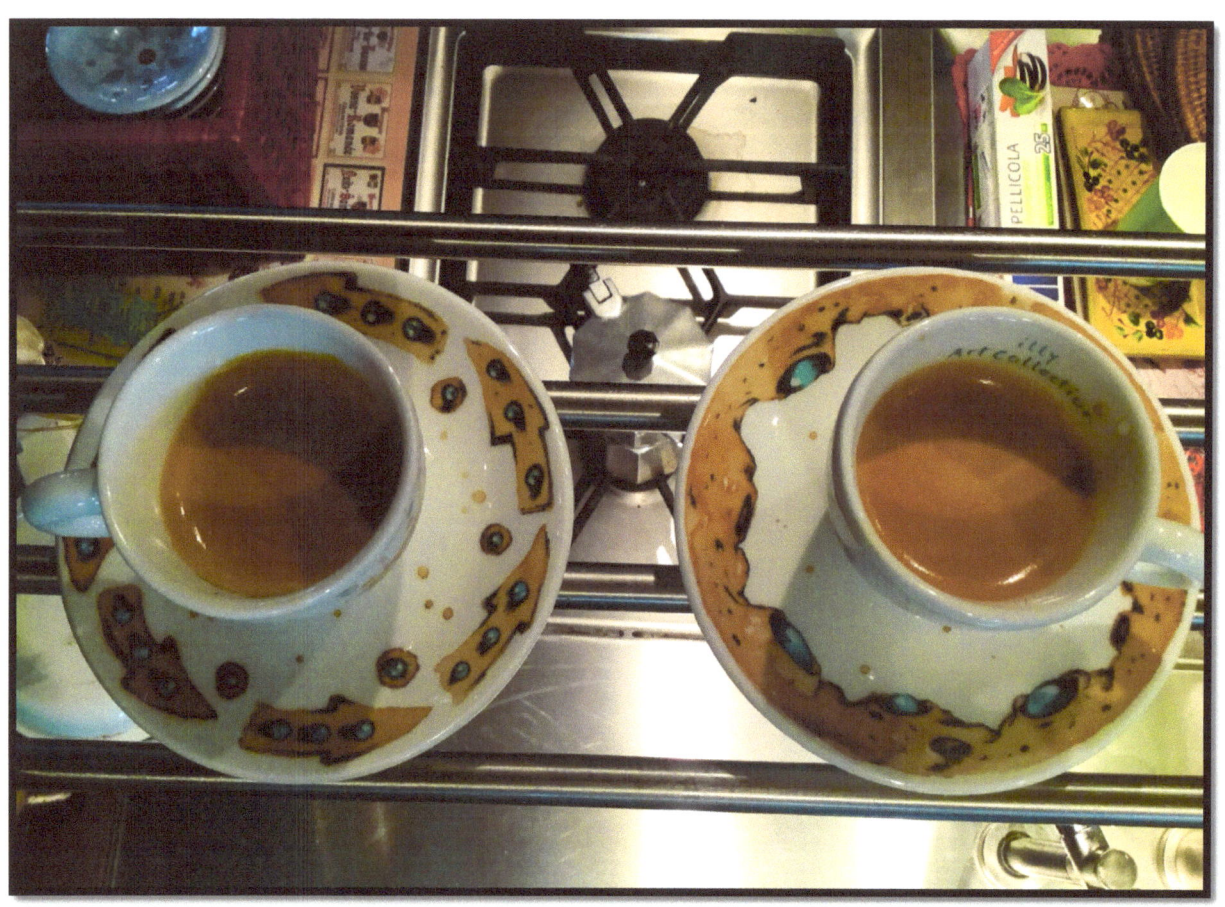

giorno 27

Caffè sospeso

Suspended coffee

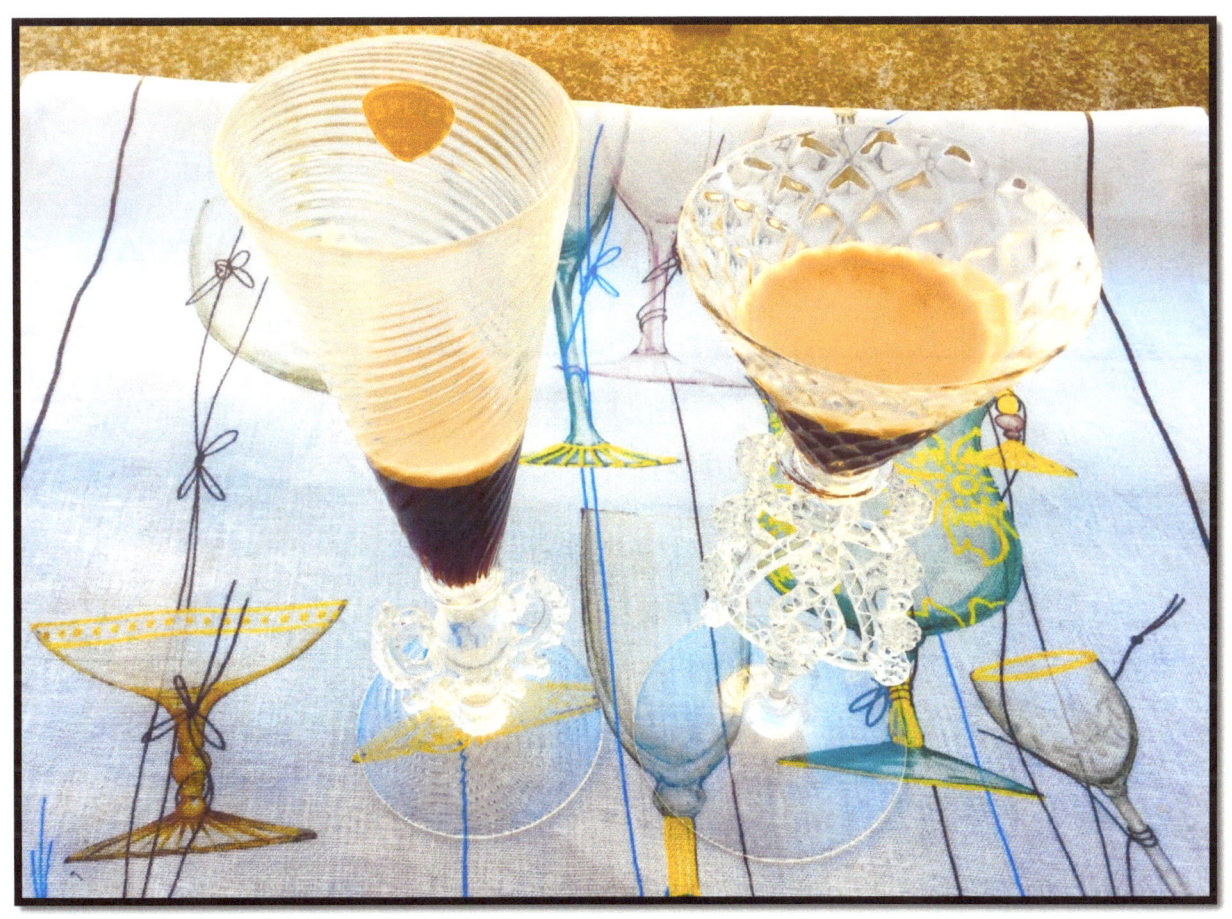

giorno 28

Caffè della bellezza

Beauty coffee

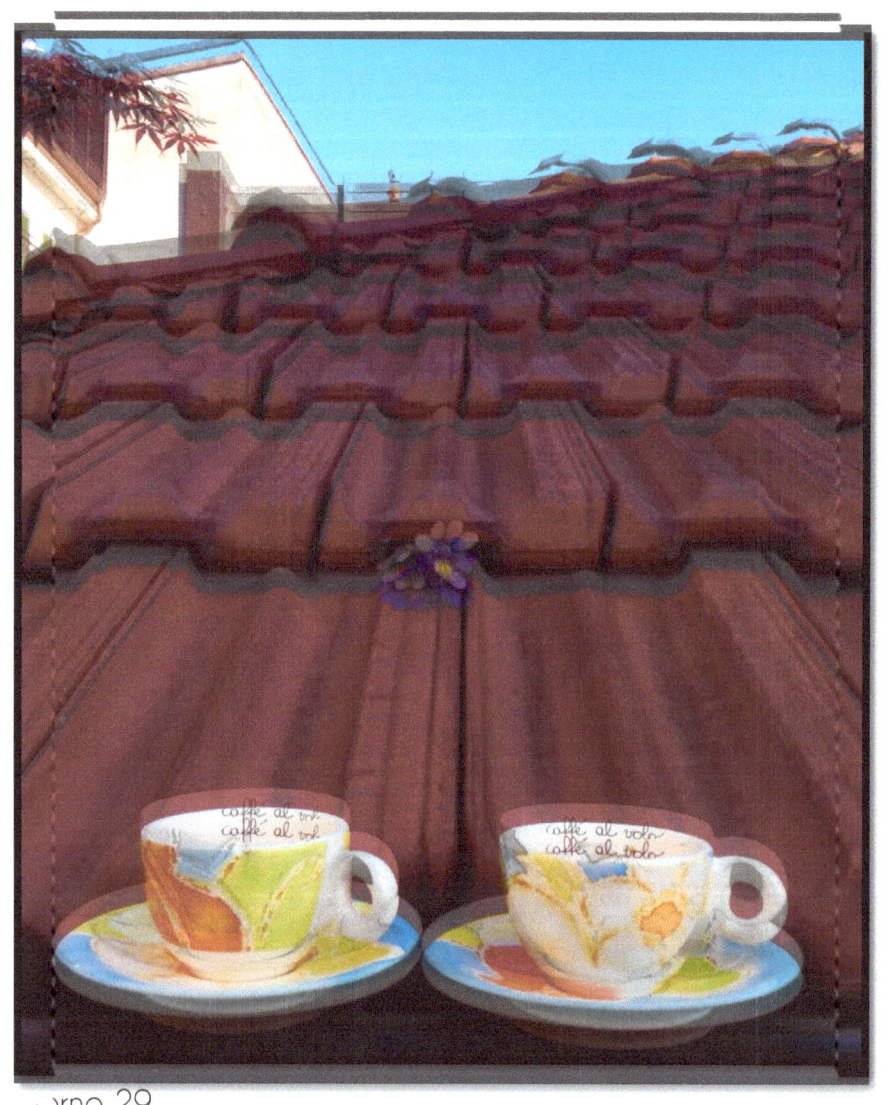

giorno 29

Caffè sul tetto che scotta

Coffee on the hot roof

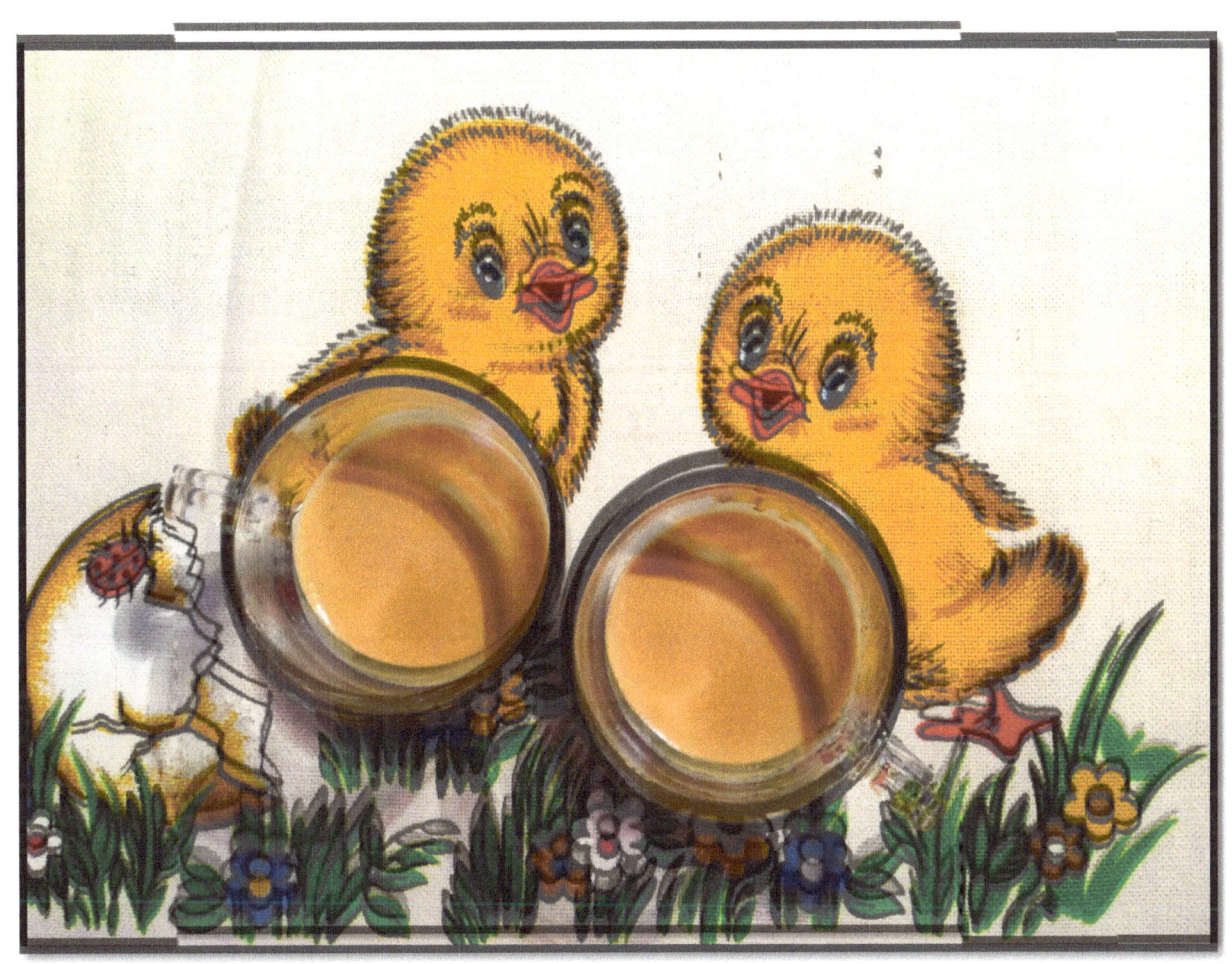

giorno 30

Caffè con i pulcini

Coffee with chicks

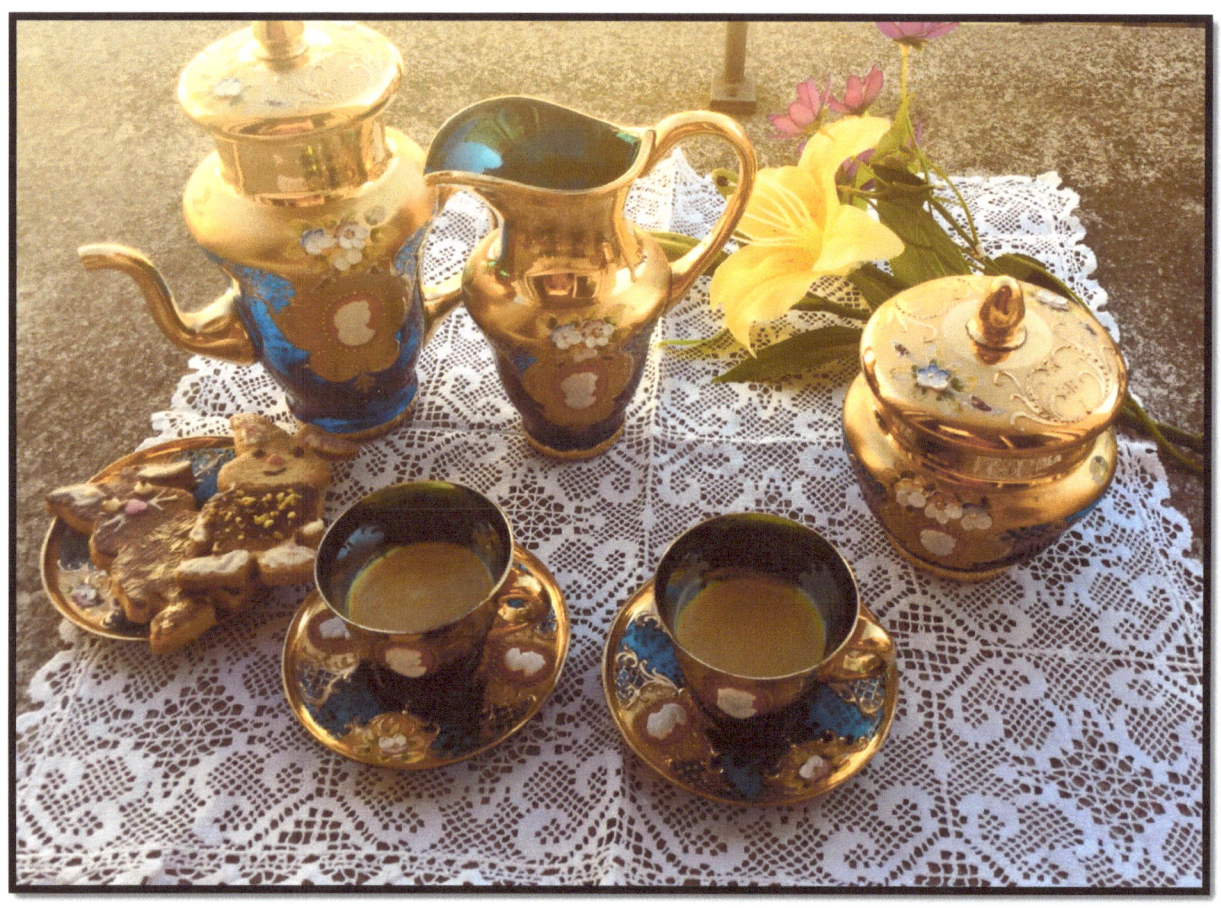

giorno 31

Caffè della gratitudine. Vi auguro Buona Pasqua e buona rinascita.

Coffee of gratitude. I wish you a Happy Easter and a happy rebirth.

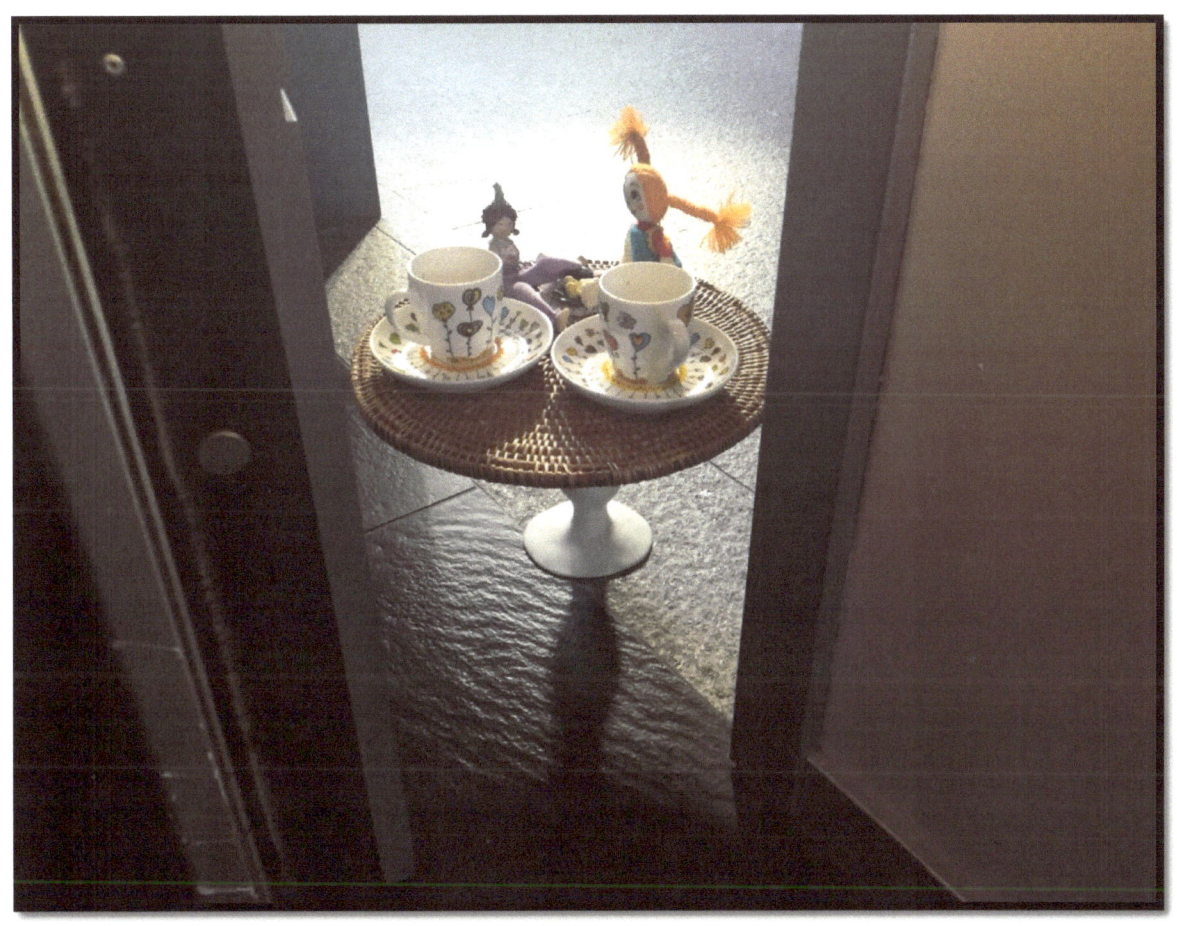

giorno 32

Caffè fuori porta - rido da sola...Buona Pasquetta amici cari.

Coffee out of town - I laugh alone...Happy Easter dear friends.

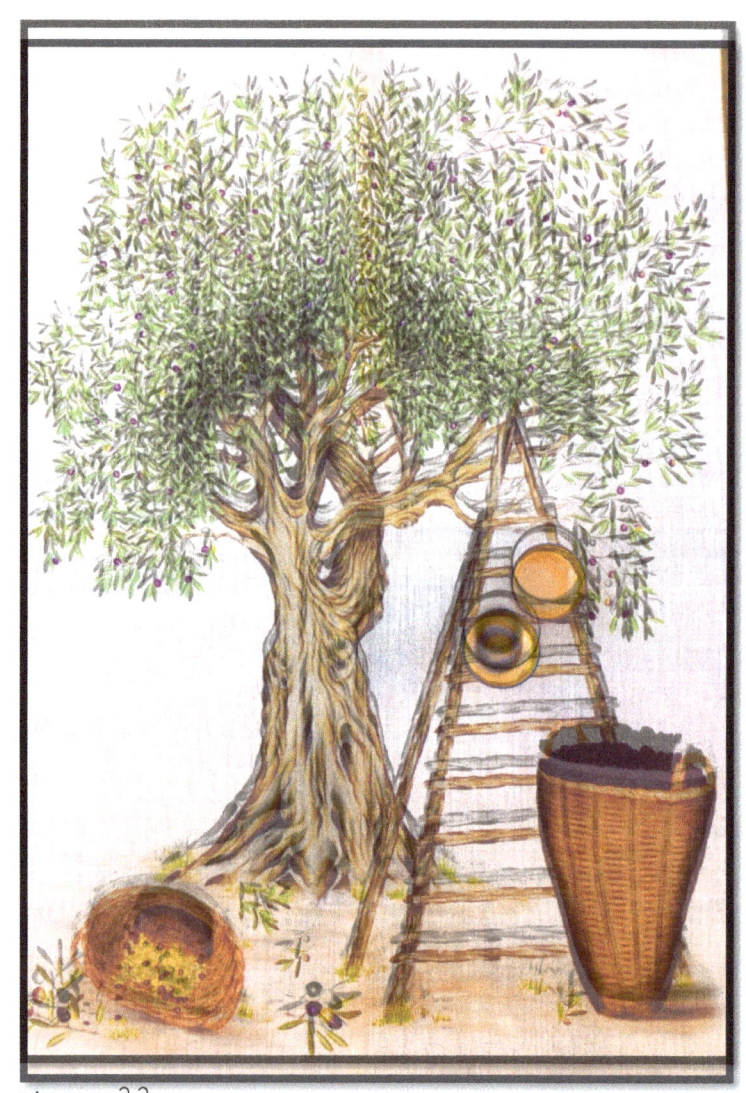

giorno 33
giorno 33

Gita a Ostuni

Trip to Ostuni

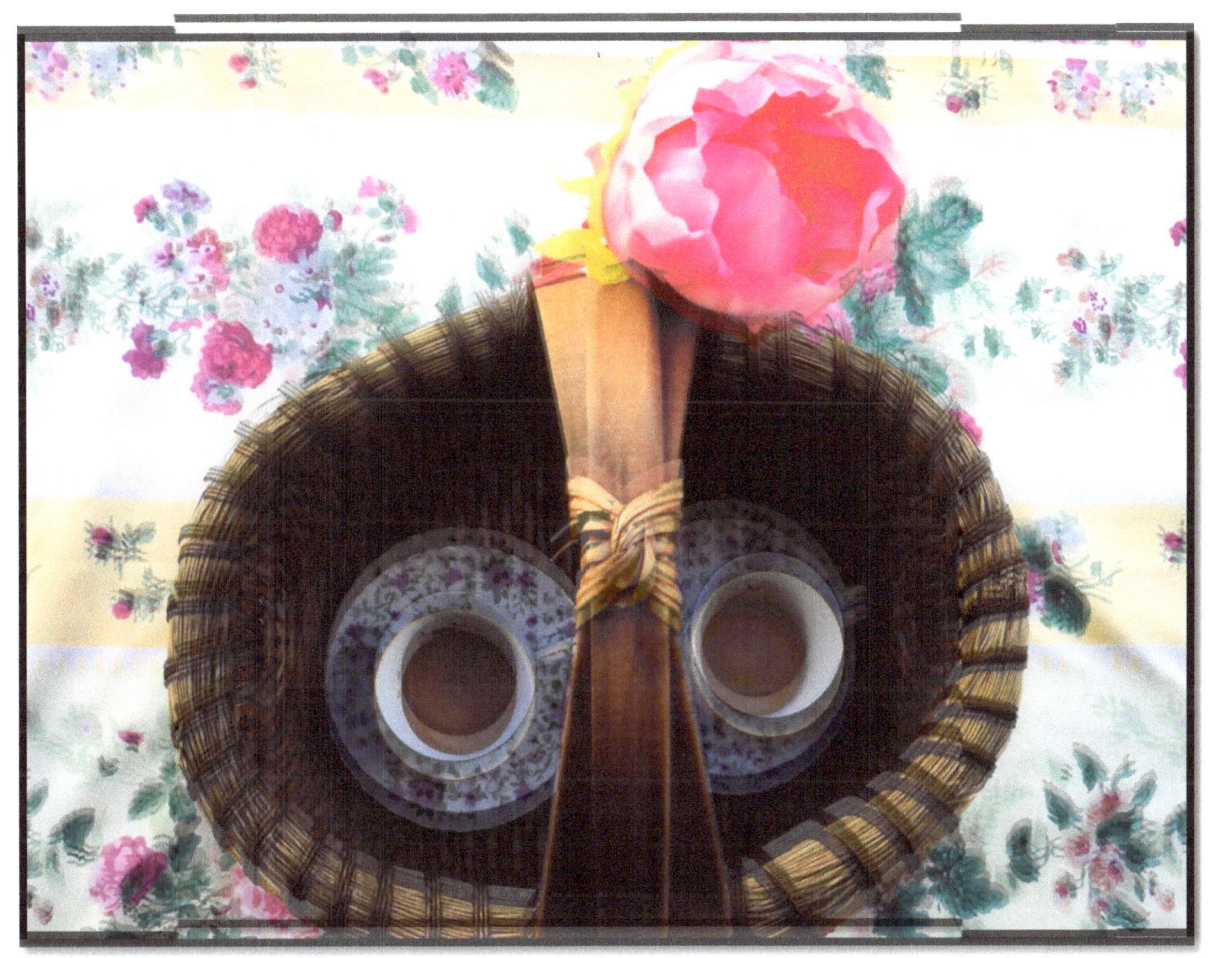

giorno 34

Caffè dopo il picnic

Coffee after a picnic

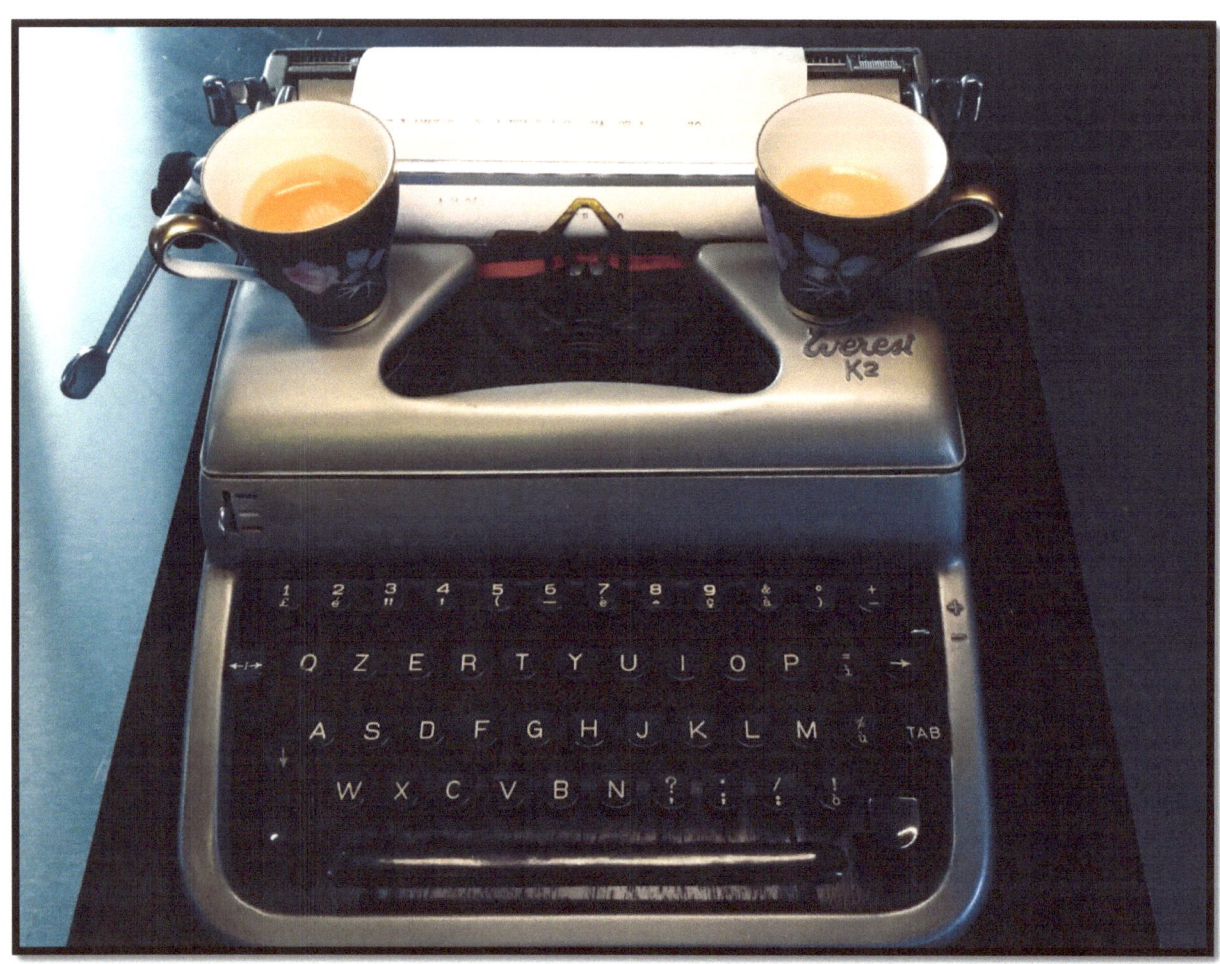

giorno 35

C'era una volta

Once upon a time

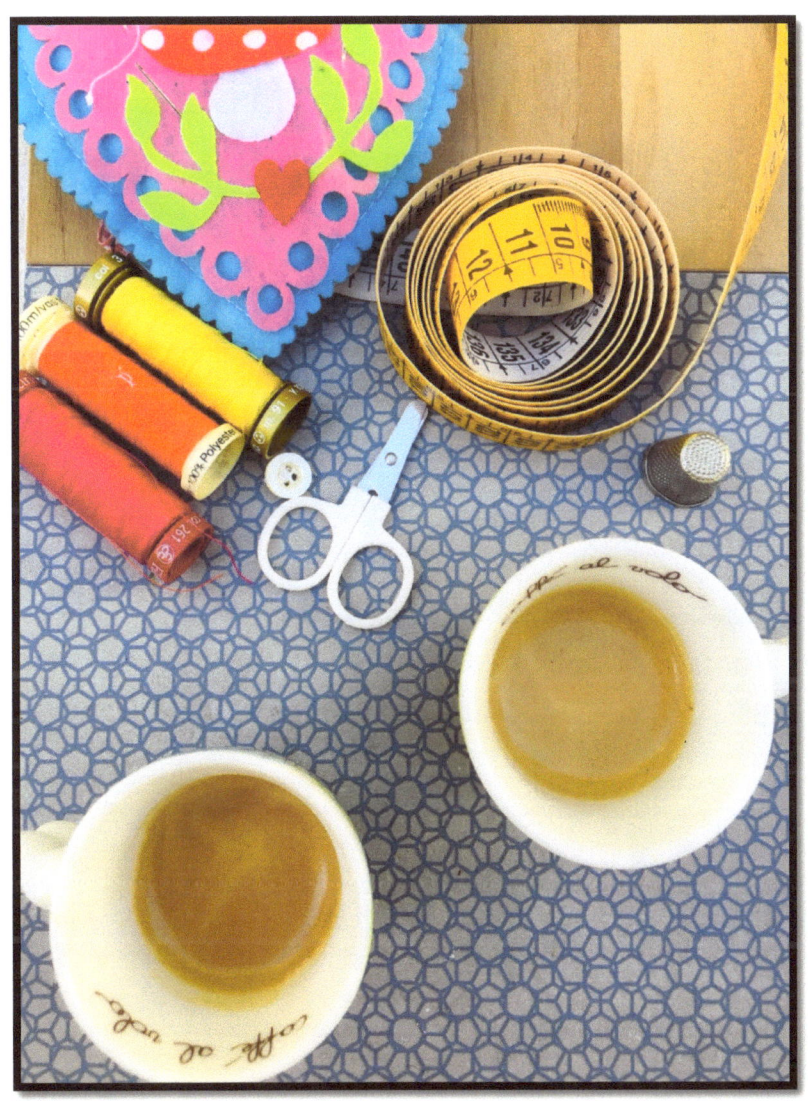

giorno 36

Omaggio a mia suocera, Lidia

A tribute to my mother-in-law, Lidia

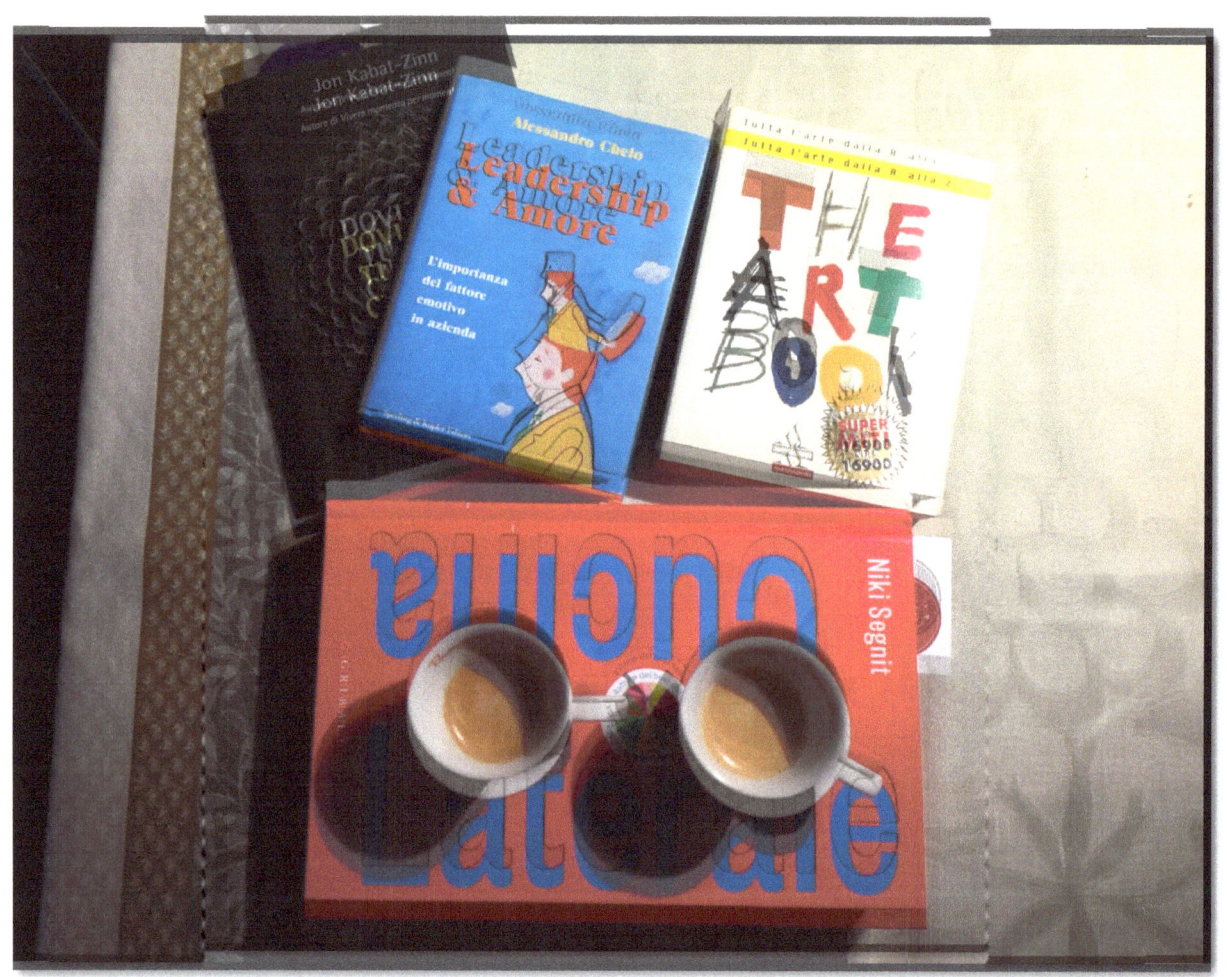

giorno 37

Caffè letterario

Literary coffee

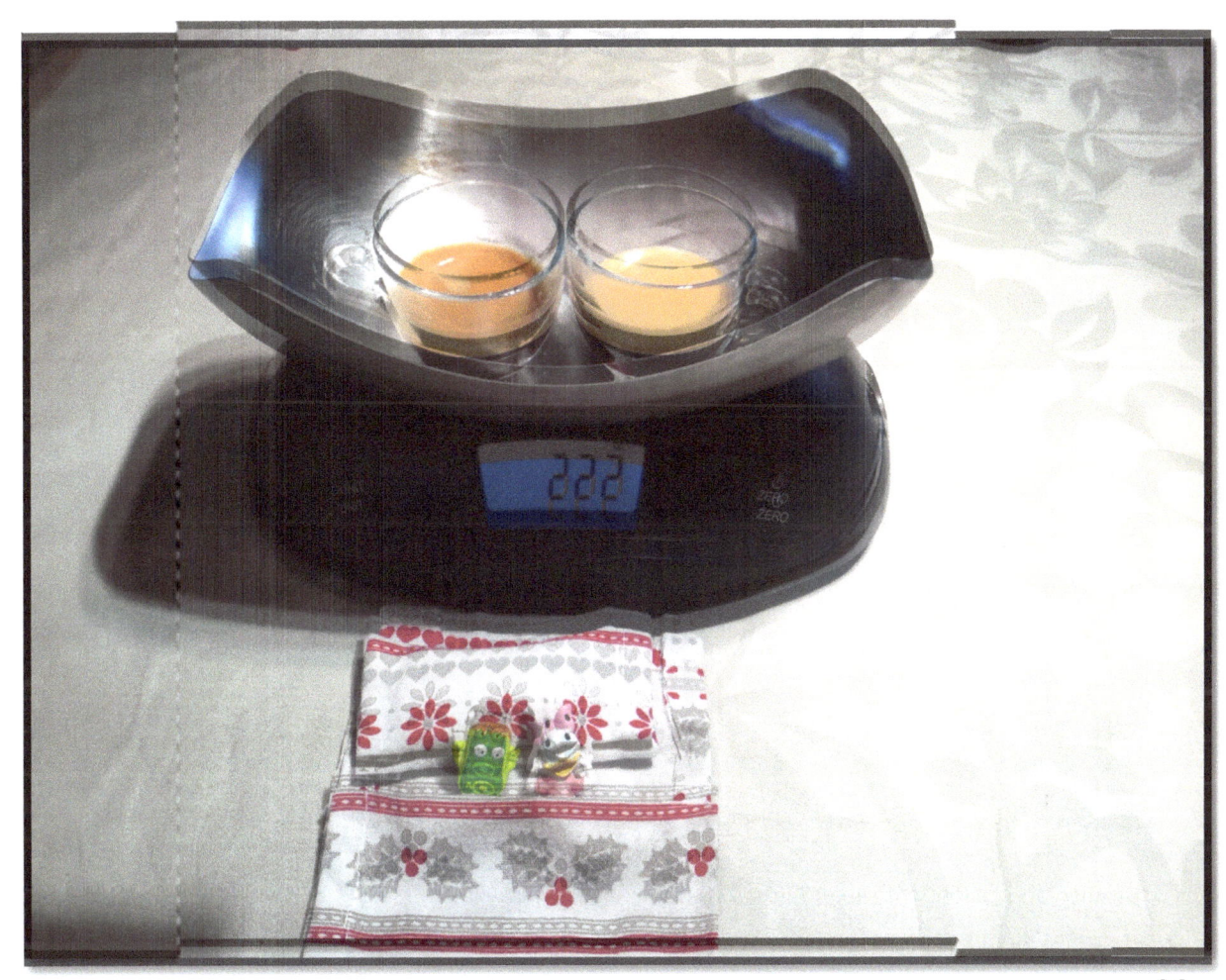

giorno 38

Caffè all'etto o a letto?
Coffee per pound or in bed?

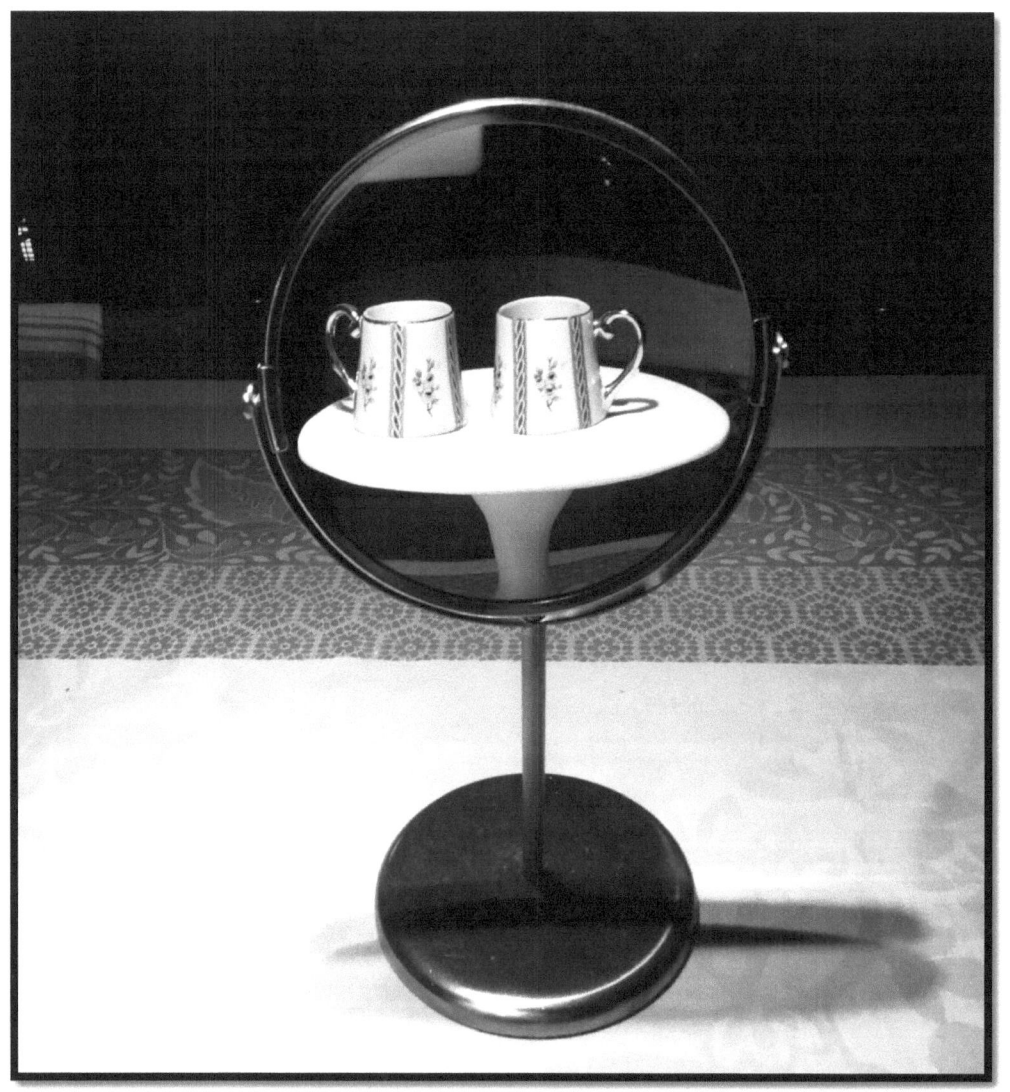

giorno 39

Omaggio al grande fotografo Elliott Erwitt

A tribute to the photographer Elliott Erwitt

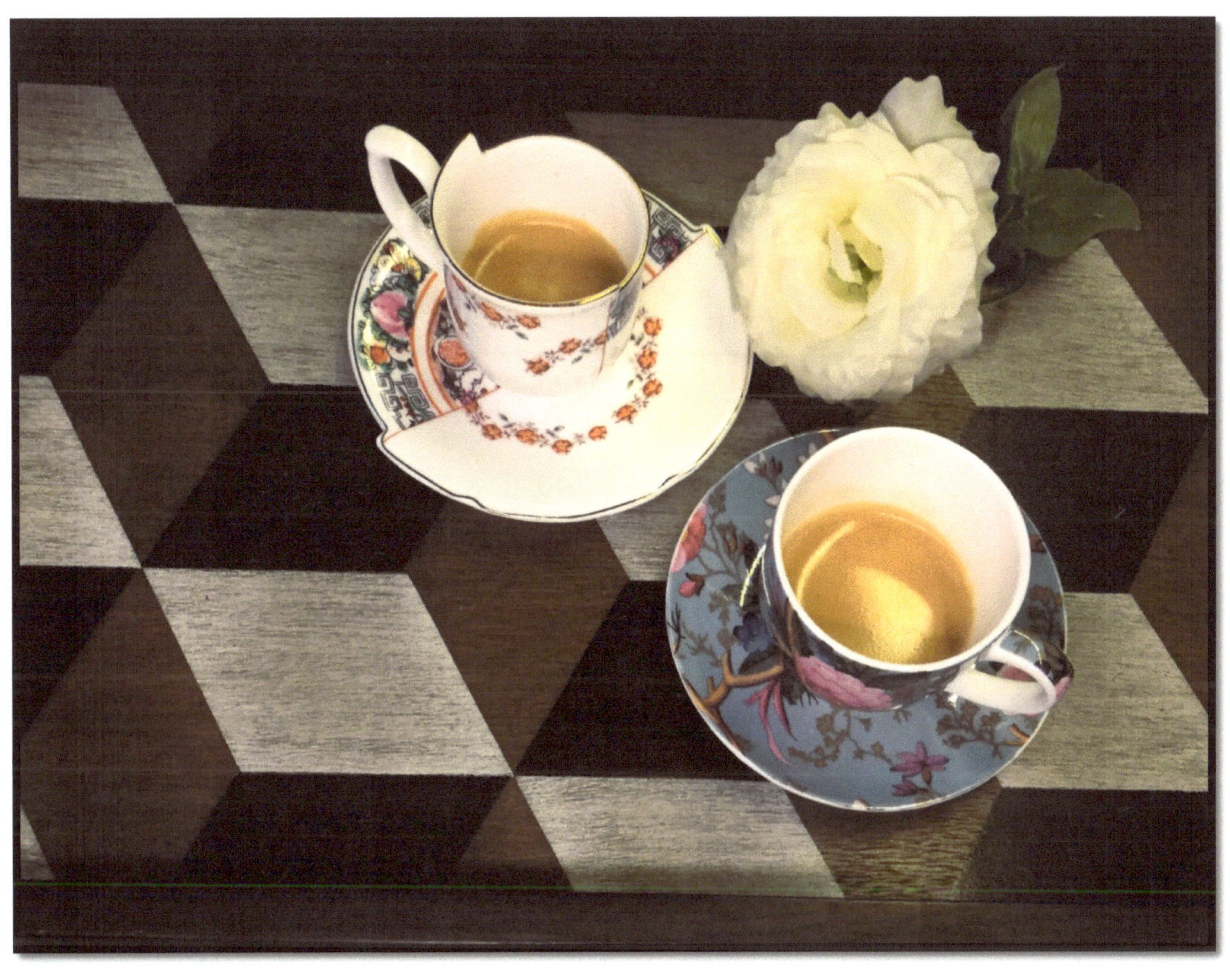

giorno 40

Caffè della quarantena. Saluti!

Quarantine coffee. Cheers!

LIMITED EDITION

Dopo il 40 esimo giorno e la 40 esima foto i miei amici mi hanno invitato a continuare la tradizione del caffè al banco con una Limited Edition.
Sono nati così questi scatti fotografici. Buona visione!

After 40 days and 40 photos I was invited by my friends to post pictures of "caffè al banco" with a Limited Edition.
Here you will find my Limited Edition. Enjoy!

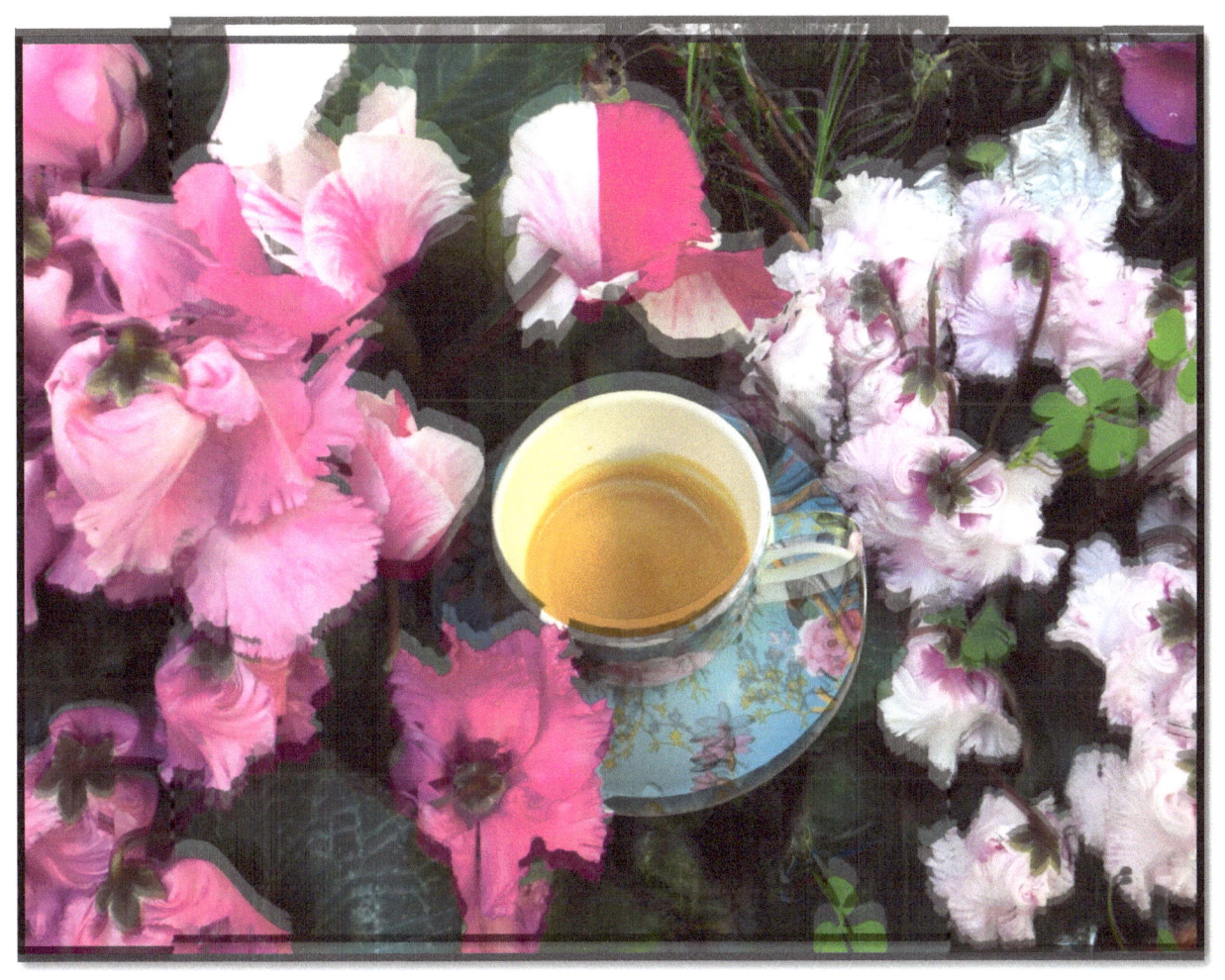

Tu sarai per me unica al mondo...
"grazie per questa inaspettata visita Mamma!" = mi manchi!

You will be unique to me in the world...
"thanks for this unexpected visit Mama!" = I Miss you!

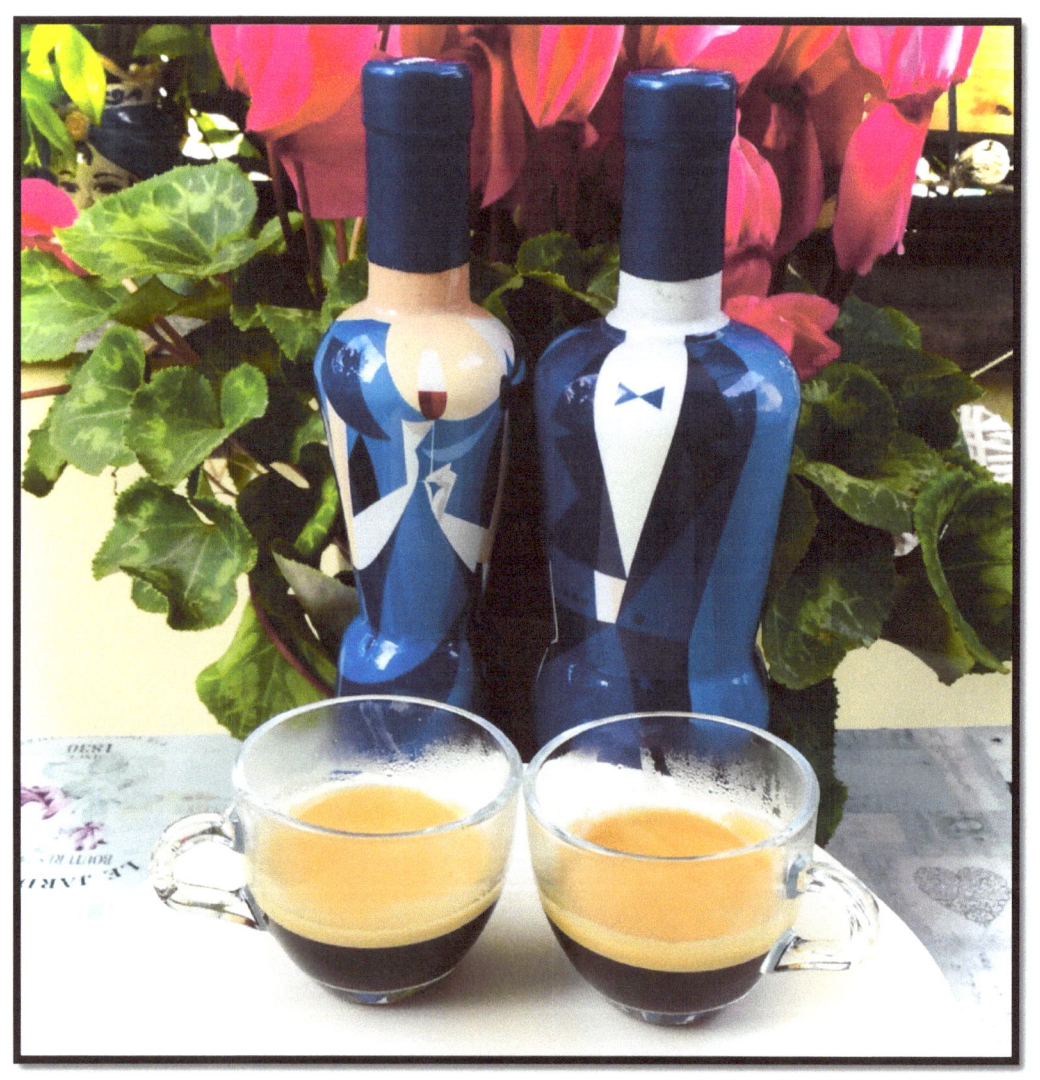

Io e te - buona Domenica a tutti

You & me - happy Sunday to everyone

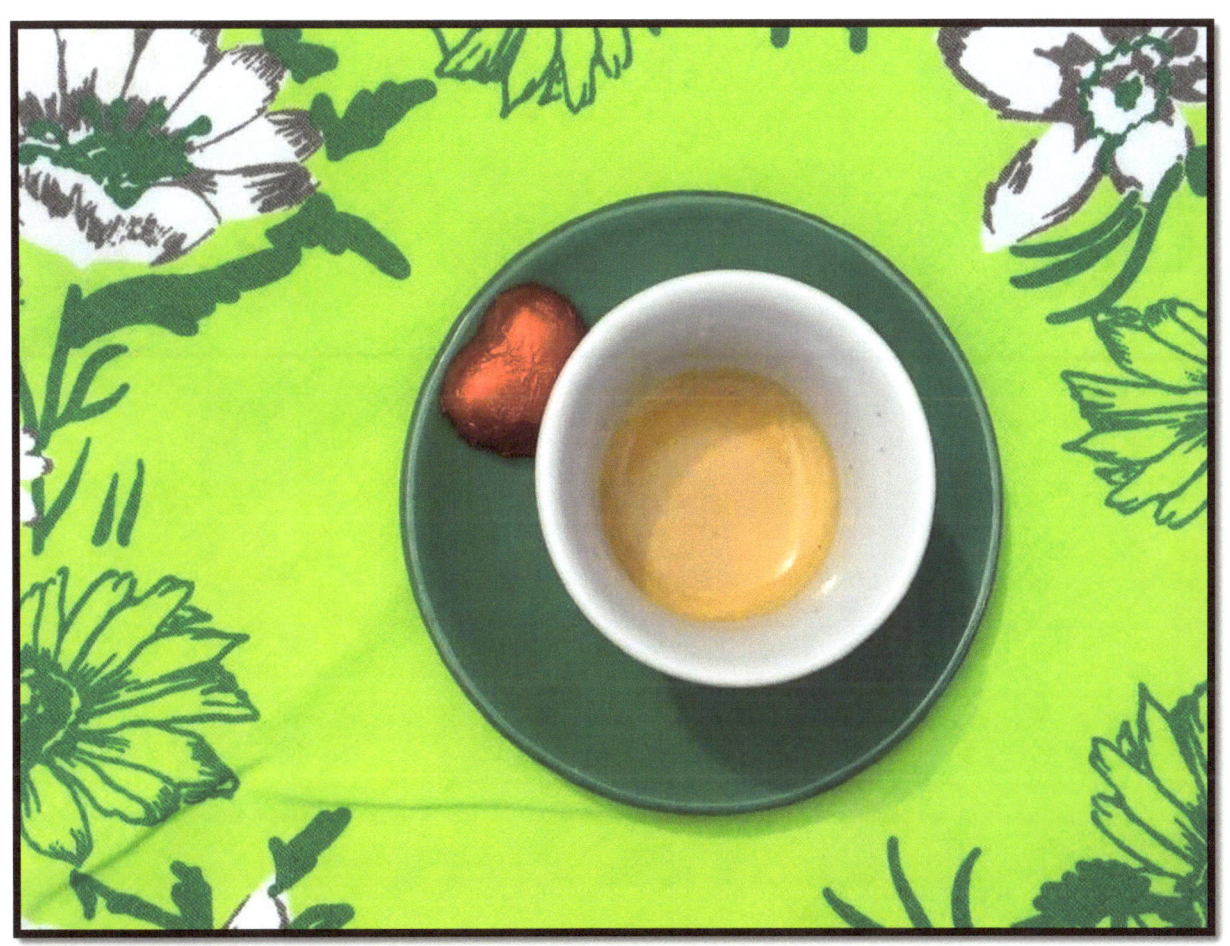

Caffè offerto al mio caro amico Giancarlo
per augurargli buon compleanno

Coffee offered to my dear friend Giancarlo
to wish him happy birthday

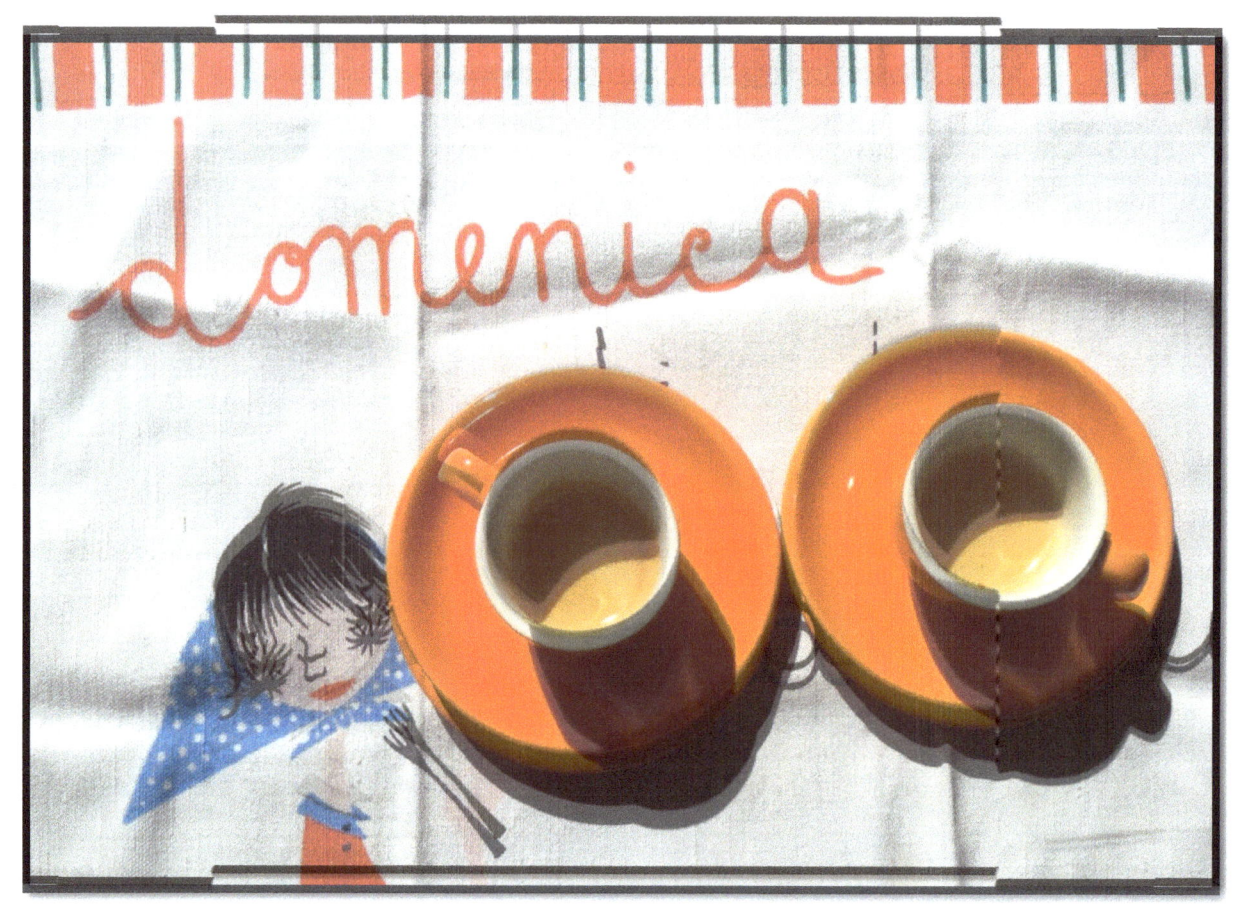

E' Domenica, da sempre un giorno speciale

Sunday has always been a special day

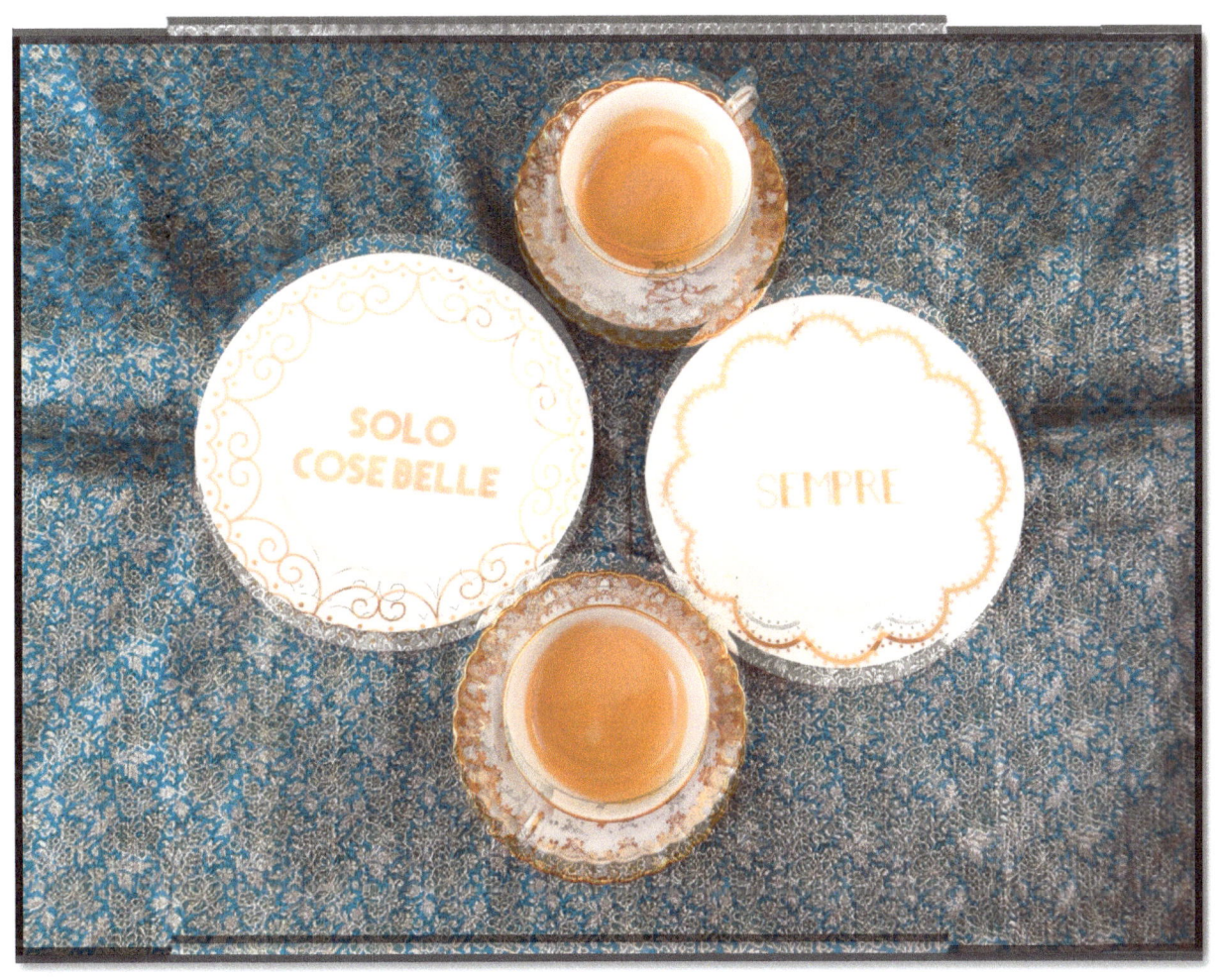

Giorno 1 dopo il lockdown: Dedicato alle Madame e anche per voi amici: #solocosebelle sempre

Day 1 after the lockdown: Dedicated to the Madame and also for you: #solocosebelle always

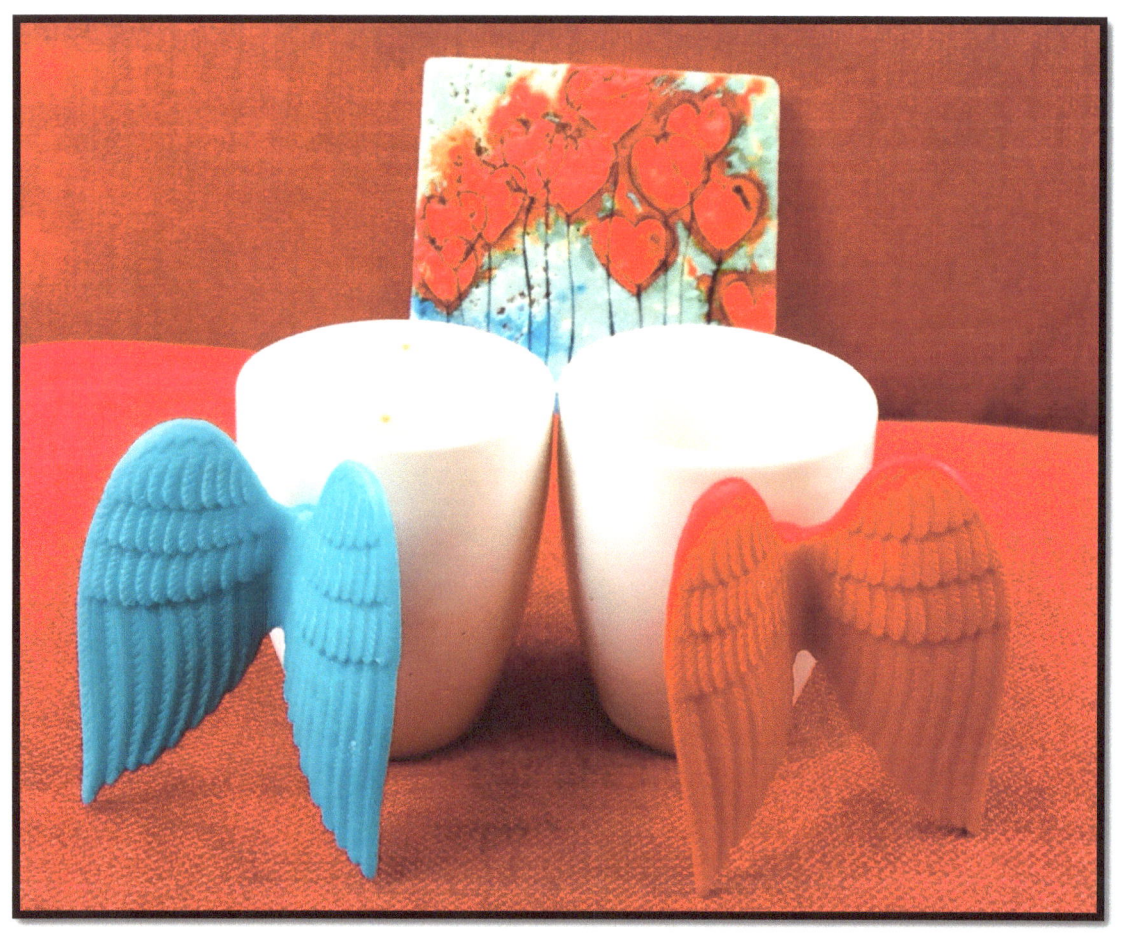

Questo e' un caffè speciale. Dedicato alla mia mamma Maria Vittoria, alle vostre mamme, a voi che siete mamme, buona Domenica.

This is a special coffee. Dedicated to my mother, Maria Vittoria, to your mothers, to you who are mothers, happy Sunday.

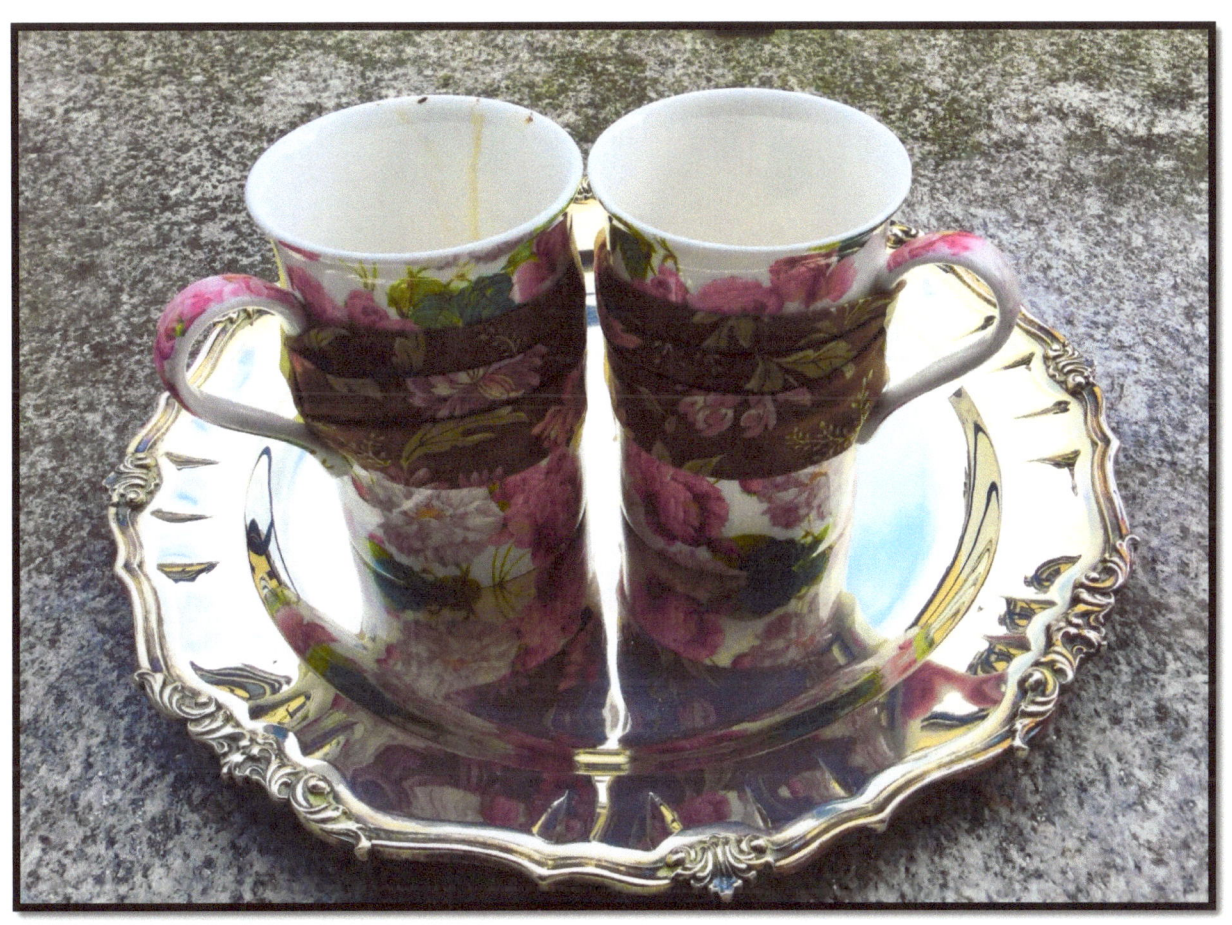

Caffè masche - rinato. Buon fine settimana a tutti!

Masche coffee - rebirth. Happy weekend to everyone!

Dear Friends,

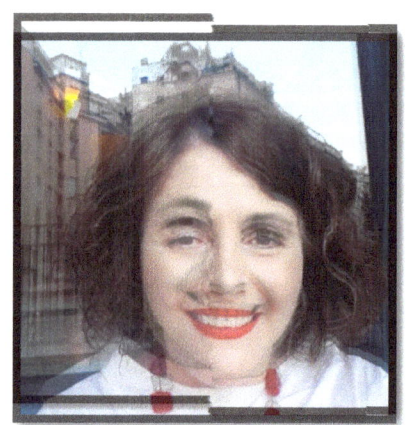

This book has a special story. It's not only photos of coffee cups; it's a way to recreate life.

I live in Milan and due to the Lockdown of COVID-19 on February 24th I worked from home until July 6th when I returned to the office. From February 24th my husband, Beppe, and I tried to create a new routine. So, every morning we went to have coffee at the bar, and in order not to stay too long, we stopped at the counter. We had the idea that something important was going on but we still didn't know what would happen. On March 8, the Italian government decided to close everything.

From that date my coffee counter project started and for 40 days I posted a different coffee at the bar every day. But what is the counter? Now I'll tell you. Today, as I write, I can say that many business lunches and many meetings with friends still begin with comments on my coffee at the counter.

For this reason, I thought, together with my friend Dana who lives in McLean, Virginia, to create a book that could capture and immortalize those moments and, in some way, not neglect such an important period when it has been helpful to find friends and to find myself a little.

Enjoy a cup of coffee and my photos, too.

Enjoy,
~ Francesca

CAFFÈ AL BANCO

Day 1: Tutto ha avuto inizio proprio dall'asse da stiro, il mio primo caffè al banco a casa. The beginning: My first counter at home, the ironing board.

Day 2: Oggi l'occhio mi è caduto sul servo muto di mio marito, che spodestato dei suoi abiti è diventato il banco. Today my eye fell on my husband's silent servant, who, dispossessed of his clothes, became the counter.

Day 3: Le mie tazzine da collezione, le più originali, su una alzatina per dolci. My most original collectible cups on a cake stand.

Day 4: I cuori sono il motivo delle tazzine di oggi che ho appoggiato sulla mia teppanyaki. Hearts are the reason for today's cups that I placed on my teppanyaki.

Day 5: Volevo rappresentare il bianco e il nero, la donna e l'uomo, il sole e la luna e poi dopo aver fatto la foto ho visto le mie pantofole…ah ah ah. I would like to represent black and white, the woman and the man, the sun and the moon and then after I took this photo, I saw my slippers… ah ah ah

Day 6: È passata quasi una settimana dall'inizio del lockdown. C'era bisogno di un po' di ottimismo, così ho pensato che il colore oro portava luce ed ho scelto questo vassoio laccato che mi aveva regalato la mia amica giapponese Kaoru. Almost a week has passed since the start of the lockdown, there was a need for some optimism, so I thought that the gold color brought light and I chose this lacquered tray that my Japanese friend Kaoru gave me.

Day 7: La bellezza di queste tazzine parla da sola: "la bellezza salverà il mondo" cit. Dostoevskij. The beauty of these cups speaks for itself: beauty will save the world. cit. Dostoevskij

Day 8: Certe volte per stare bene bisogna usare la fantasia e cercare un rifugio nella memoria e immaginare di prendere il caffè con le amiche. Sometimes to feel good you have to use your imagination and seek refuge in a memory of taking a coffee with my best friends.

Day 9: È il primo giorno di primavera e siamo a casa: i fiori del mio balcone e un piccolo servizio da caffè acquistato un'estate al mercatino dell'antiquariato di Ostuni (Italia). It is the first day of spring and we are at home. The flowers on my balcony and a small coffee service acquired one summer at the antique market in Ostuni.

Day 10: Le tazzine da caffè sono appoggiate sulla poltrona della casa dei miei nonni paterni Lia & Silvio. The coffee cups are placed on the armchair of the house of my paternal grandparents, Lia & Silvio.

Day 11: Il giardino di questo caffè è una tovaglia ricamata dalla mia amica Fabricia. The garden of this cafe is a tablecloth embroidered by my friend Fabricia.

Day 12: Avete notato il cuore sulla sinistra della foto? Dice: "l'amicizia è quel filo invisibile che unisce il mio cuore al tuo"
Have you noticed the heart on the left of the photo? It says: Friendship is that invisible thread that unites my heart to yours."

Day 13: Avevamo bisogno di andare fuori a prendere il caffè e siamo andati a Cuba attraverso questa bellissima foto che mi hanno regalato i miei genitori per i miei 50 anni, proprio come succedeva nelle Cronache di Narnia. We needed to go out for coffee, and we went to Cuba through this beautiful photo that my parents gave me for my 50 years, just like in the Chronicles of Narnia.

Day 14: La verdura non è un granchè, ma se guardate bene sul piattino della tazzina c'è scritto "amicizia". Vegetables are not that great, but if you look carefully on the saucer of the cup, "friendship" is written.

Day 15: Un caffè elegante. Nello sfondo una tovaglia della mia nonna Valeria e un super servizio da caffè di Graziella la mamma di Andrea, cose di altri tempi.
An elegant coffee in the background a tablecloth by my grandmother Valeria and a super coffee service by Graziella Andrea's mother. Things of ancient times.

Day 16: Scommetto che nessuno si è accorto che i caffè di oggi sono appoggiati sulla piastra ad induzione. Vero? I bet nobody noticed that today's coffees are placed on the Induction hob. Is it true?

Day 17: A Roma molte persone prendono il caffè al vetro. E più buono? È più igienico? È più bello? Io non l'ho mai capito. In Rome many people have coffee by the glass. Is it better? Is it more hygienic? Is it more beautiful? I never understood it.

Day 18: Questo caffè mi ricorda una bellissima vacanza che abbiamo fatto in Borgogna passando tra i vigneti più famosi del mondo in bicicletta. This coffee reminds me of a beautiful holiday we had in Burgundy passing through the most famous vineyards in the world by bicycle

Day 19: Un po' di leggerezza, intesa non come superficialità, ma come assenza di peso con Linus. Lightness, understood not as superficiality, but as weightlessness with Linus.

Day 20: Il primo d'aprile"pesce d'aprile." in Italia si usa fare scherzi, e così ho voluto augurare buon primo d'aprile a tutti prendendo un caffè natalizio con il mio amico Frosty che vive nella nostra cosa tutto l'anno.

The first of April is to make jokes to friends. I wanted to wish everyone a happy April 1st by having a Christmas coffee with Frosty the Christmas puppet who lives in our house all year round.

Day 21: Attraverso questa immagine ho voluto esprimere tutto il mio amore per mia sorella Silvia che ha compiuto gli anni durante il lockdown. Through this image I wanted to express all my love for my sister, Silvia, who turned the year in the lockdown.

Day 22: Sulle tazzine sono rappresentati cuori che rappresentano legami e la rosa rossa significa passione. Hearts representing bonds are represented on the cups and the red rose means passion.

Day 23: Non so perché ma questa foto ha ricevuto più di tutte le altre. Forse per l'armonia che suggerisce. Ho usato come sfondo un bellissimo canovaccio in lino che mi ha regalato la mia amica Chiara. This photo has received more "likes" than all the others - maybe because of the harmony it suggests. I used as a background a beautiful linen dishcloth that my friend Chiara gave me.

Day 24: Da questa foto si scopre la nostra passione: il vino. Infatti in questa foto i caffè sono appoggiati sul banco fatto da tappi di bottiglie di vino che abbiamo bevuto.
 From this photo we discover our passion: wine. Here, the coffees are on the counter made from corks of wine bottles we drank.

Day 25: Un tuffo nel passato. Nella foto ci sono dei biscotti fatti dalla mamma della mia amica Lara che ho mangiato la prima volta 19 anni fa al battesimo di suo figlio Bibi. A jump into the past. Here, there are biscuits made by my friend Lara's mother that I ate 19 years ago at the baptism of her son, Bibi.

Day 26: E' un lusso prendere il caffè in una pentola in rame, regalo dei nostri amici Loretta e Beppe. It's a luxury to have coffee in a copper pot, a gift from friends, Loretta & Beppe.

Day 27: "Il caffè sospeso" è una usanza napoletana che consiste nel lasciare un caffè pagato come dono a beneficio di uno sconosciuto. Nella foto ho voluto giocare con le parole, il caffè è veramente sospeso su un ripiano sopra ai fornelli. "Suspended coffee" is a Neapolitan custom that consists of leaving a coffee paid as a gift for the benefit of a stranger.

Day 28: Ritorna il tema della bellezza: il lusso di prendere il caffè in due bicchieri di vetro di Murano (Venezia - Italia) soffiati. The theme of beauty returns: the luxury of having coffee in two hand-blown Murano glass glasses (Venice - Italy).

Day 29: Nel 1958 usciva un film: "La gatta sul tetto che scotta", con Liz Taylor e Paul Newman. Questo titolo ha ispirato la mia foto. In 1958 a film was released: Cat on a Hot Tin Roof with Liz Taylor and Paul Newman. This title inspired my photo.

Day 30: Che bella foto! Sembra che i pulcini siano parte del caffè, e invece sono su una tovaglia che mi aveva regalato la mia mamma Maria Vittoria per Pasqua e con la quale ho adornato la mia tavola. That nice picture! It seems that the chicks are part of the coffee, but they are on a tablecloth that my mother, Maria Vittoria, had given me for Easter that I used for my table.

Day 31: Per Pasqua ho usato il servizio da caffè dorato, con il cameo e rifinito a mano. Cosa volere di più della vita dopo 30 giorni di lockdown? For Easter I used the golden coffee service, with cameo and finished by hand, what else after 30 days of lockdown?

Day 32: È Pasquetta la giornata per eccellenza per una gita fuori porta, ma il lockdown mi ha costretto a prendere il caffè fuori dalla porta di casa. Guardate bene la foto! Easter Monday is the day par excellence for a trip out of town, but the lockdown forced me to have coffee outside the front door. Look closely!

Day 33: I Miei amici Monica e Eulvio mi hanno regalato questa tela di lino dipinta a mano. Riguardando questa foto mi piace notare come il colore del caffè sulla scala si armonizza con i colori della tela. My friends, Monica and Eulvio, gave me this hand-painted linen canvas. Looking back on this photo, I like to notice how the color of the coffee on the scale harmonizes with the colors of the canvas.

Day 34: Ho usato molta fantasia, nell'immaginarmi su un prato dopo il picnic, ma la foto suggerisce libertà. I used a lot of imagination when I think of myself on a lawn after the picnic, but the photo suggests freedom.

Day 35: Nessuno utilizza più una macchina da scrivere come questa. Io ho voluto celebrare un rito del passato: un coffee break tra una battuta e un'altra. Nobody uses a typewriter like this anymore: I wanted to celebrate a ritual from the past: a coffee break between one bar and another.

Day 36: Mia suocera Lidia fin da piccola voleva fare la sarta. Oggi realizza dei capi di altissima sartoria solo per me. Non potevo non ringraziarla. My mother-in-law Lidia wanted to be a tayolr since she was as a child. Today, she produces very high-end dresses just for me. That's why I dedicated a coffee to her.

Day 37: Anche qui ho giocato con le parole: il caffè letterario è un luogo di incontre dove si legge e si beve anche il caffè. Here I played with words: literary coffee in Italian is a meeting place where you can also read and drink coffee.

Day 38: In Italiano "etto" è un'unità di misura e "letto" è dove si dorme. Nella mia foto ho voluto giocare mettendo una bilancia ed un piccolo letto. Si era capito? In Italian Etto (hectogram) is a unit of measurement and the letto (bed) is where one sleeps. In my photo I wanted to play by placing a scale and a small bed. Did you understand?

Day 39: Questa è una delle fotografie che mi piace di più. Ho preso spunto da una foto del grande fotografo Elliott Erwitt che ho visto a una mostra dove riflessi su uno specchietto retrovisore di un auto c'erano due amanti felici che si baciavano. This is one of my pictures I like the most. I took a cue from a phot of Eliot Erwitt that I saw at an exhibition where reflected in the rear-view mirror of the car were two happy lovers kissing each other.

Day 40: dopo 40 giorni di estremo divertimento mi sono resa conto che era arrivato il momento dei saluti. La quarantena dura 40 giorni…anche se poi ho continuato con la LIMITED EDITION. After 40 40 days of extreme fun I realized that the time of greetings had come quickly. The quarantine last 40 days…even if then I continued with LIMITED EDITION.

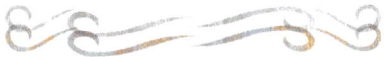

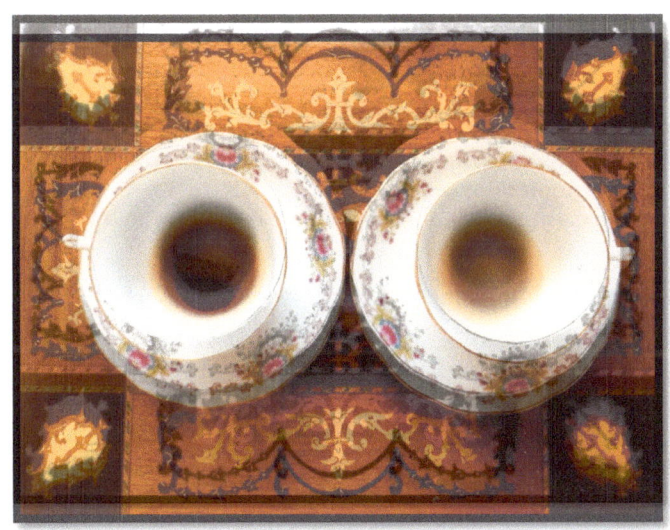

Alla mia amica, Dana

To my friend, Dana

www.ingramcontent.com/pod-product-compliance
Lightning Source LLC
Chambersburg PA
CBHW051921210526
45473CB00006B/2092